Investment

Investment

真確了解
股市

頂尖避險基金經理告訴你，
成為超級散戶的8個進場智慧

本当にわかる株式相場

土屋敦子——著

李韻柔————譯

目錄 _____

投資前，真正了解股市

上流哥

　　本書作者土屋敦子女士是一位對沖基金經理人，我本身也滿喜歡看投資界基金經理人寫的書，以往曾讀過管理富達麥哲倫基金（Fidelity Magellan Fund）的彼得‧林區（Peter Lynch），以及管理特雷西避險基金（Traxis Partners）的巴頓‧畢格斯（Barton Biggs）之作品，他們的書都讓我收穫不少。

　　作者是投資界的業內人士，而我則待過投信，曾經操盤公募基金九年，所以我自己寫的兩本書《上流哥：這年頭存錢比投資更重要》《上流哥：這年頭資產配置有點難》，也都談到了在業界的經驗。相對於財金或經濟學教授寫的書，讀者們閱讀這些投資業界人士的作品通常會感覺比較輕鬆，因為書裡比較不會有太多數學、財金公式跟經濟模型讓人頭大，而且還能吸收到許多有價值且滿有趣的第一手資訊。

　　在翻閱完此書後，我發現本書跟我的第二本書《上流哥：這年頭資產配置有點難》，在寫作宗旨上有類似之處。對我而言因為離股票新手已經非常遙遠，所以常會忽略投資初學者的專業知識有限，導致在寫投資相關文章時，常碰到

「我以為文中都是理所當然的基礎知識，但有些讀者卻不見得可以理解我想表達什麼」的情況，因此我後來在寫作時，也力求讓股市新手們都能看懂。

而本書主要是帶領讀者認識股市樣貌，當然由於作者是日本人，因此書中有不少篇幅在說明日本股市，也因為國情不同所以有些內容並不如台灣現行制度或慣例，比如日本以前有很多地方交易所，但現在很多都合併了；交易部分則有暗池交易，不過台灣並沒有開放這類交易；信用交易所參考的數字也跟台灣有些差異，台灣主要是看散戶的融資、融券餘額；甚至日本市場比較特別的是政府會直接進場買股票ETF，來操作QE（量化寬鬆）。

本書因為從股市的基本寫起，內容難易度算是非常基礎的程度，所以我相信投資新苗應該可以放心入手，畢竟股市新手如果想慢慢看懂財金相關文章，還是得先從提升基本知識開始做起。投資理財對人生的影響不小，不能老是吃人家餵的魚（聽別人給的明牌），要懂得自己培養釣魚能力，如此才有辦法知道該如何調整自身的投資組合。

就像我們在投資前的第一件事是去了解一個產業或一家公司一樣，剛入門想投資股票的新手們，在進場前最好能夠對遊戲規則多了解一點，並謹記要看懂當下的市場特性。台灣市場也同日本市場，散戶比重持續降低，法人與外資比重則持續增加，如果看不出誰將是那頭被宰的羊就貿然進場交

易，那麼那頭羊，很可能就會是你。

（本文作者為《上流哥：這年頭存錢比投資更重要》《上流哥：這年頭資產配置有點難》作者，「上流哥投資理財粉絲團」版主。在操盤公募基金九年後，於2019年3月決定離開職場，是一位退役的基金經理人。崇尚價值型投資，喜歡買進股價有吸引力的股票，股齡長達二十一年。）

看懂股市，達到財富自由的人生

馮震凌

　　本書作者土屋敦子，曾在多家外商資產管理及投資公司擔任分析師與避險基金經理工作，掌管數千億日圓的資金，並獲得國際獎項肯定，2008 年自行成立投資公司。作者因有感於許多散戶投資人在尚未了解股票相關基本知識的前提下便貿然進場，導致賠本出場，影響了往後的生涯規畫，於是寫下這本書，盼能幫助更多投資人了解股市的大小事。這份初衷，和我當時成立 Facebook 粉絲專頁：「William Feng 的操盤筆記」很類似，因此毅然決然答應今周刊出版社的邀請，於本書付梓之際，特綴數語，以為之序。

　　對初入市場的股市新手來說，這是一本很適合入門的書，章節的編排由淺入深，沒有過度艱澀的語彙，從股票市場是什麼、如何運作；股市參與者有哪些；到股票下單的機制、規則與方式，再到各種影響股價變化的因素、買股票要留意的重點、投資專家的交易心法等層面，做了完整且詳細的介紹。此外，作者也以日本的大型股為例，將股票以及財務報表中常見的專有名詞，透過深入淺出的方式解說，讀者

在閱讀的過程中必能自然而然地烙印在腦海裡，同時也教導讀者如何運用與計算常見的財務指標（包括本益比〔PER〕、股價淨值比〔PBR〕、股東權益報酬率〔ROE〕、稅前息前利潤〔EBIT〕等）。這些都是不可或缺的基本功，唯有奠定扎實的基礎，才有機會進一步從市場獲利。

其中讓我特別有感的，是作者在第五章提到熱門題材與股價泡沫的現象。我從2007年進入股票市場，見證了許多公司股價暴起又暴落的興衰。以台股為例，2011年由於智慧型手機剛出現，掀起了一波熱潮，宏達電業績大好，當年本業每股盈餘（EPS）72.74元，股價曾漲到1300元登上台股股王，但隔年EPS只剩下19.59元，且股價前面的1不見了，直到現在更只剩3、40元。2018年生產被動元件的國巨以及2020年的防疫概念股，當初的熱門程度與後來衍生的泡沫，也令人印象深刻。這些股票當時若在漲勢的過程中能好好把握住，都能得到豐厚的報酬，但若沒有在股價反轉的過程及時脫手，現在也只能住在套房裡苦笑了。

股票市場上有許多流派，有專門研究基本面的價值投資（長線）、有專門研究技術面追強勢股的瘋狗流（波段）、有專門研究籌碼面的當沖與隔日沖（短線），也有只做存股的專家，每種派別都有其獨特的專業及方法，沒有好與壞，目的都是希望成為市場上那兩成的贏家（80／20法則），達到財富自由的人生。

相信只要透過持續不斷地學習，找到最適合自己的方法，掌握住其中的奧祕與精髓，成功將離你不遠矣！祝福各位。

（本文作者為粉絲專頁「William Feng的操盤筆記」版主。）

【推薦序】
了解遊戲規則，才能穩健前行

張琨琳

　　台灣股市在 2021 年創下歷史新高，在此同時，我相信仍有許多投資人不了解真實的股市，到底是如何運作的，且許多人總是在「嚐到挫敗後才會開始學習」。其實，這就是我的真實寫照。關於我的投資故事，在拙作《零股獲利術》有更詳細的描述，以下簡要地與讀者們分享。當時二十多歲的我對股市交易並未深入研究，所以每天在股市殺進殺出，不到一年時間就賠光約莫 300 萬的所有積蓄，甚至還欠下銀行數百萬負債。

　　股市有漲必有跌，這是股市的周期輪動，當然我並不是要告訴大家台股即將大幅崩跌，而是要提醒所有投資人「真確了解股市」這件事。

　　本書作者土屋敦子女士長年從事避險基金經理工作，她在這本書中不藏私地將投資經驗及對股市交易的客觀分析全部一次說清楚，試圖幫助廣大投資人了解何謂股市投資的全貌，並希望能幫助散戶投資人不要盲目地進場投資，最後落得血本無歸下場。

從序章開始，她就講了幾個我覺得很重要的投資心法。

首先，到底該不該投資某一檔公司股票，作者歸納出的三個重點，確實對投資人來說是相當重要的投資起點。

接著，她舉出一個很淺顯易懂的例子，點出「投資效率」這件事。她提醒投資人在面對多個投資標的時，應研判的重點除了該公司的原有價值外，同時還要考慮企業的股價成長率。而在第五章中，作者更完整地說明股價表現的各種樣態，提供讀者研判一家公司的股價，在股市中隱含的各種訊息。

第三，身為一位資深避險基金經理，她談到一個非常重要的面向，就是「資金管理」。作者藉由自身從事避險基金經理的工作經驗與讀者們分享，散戶投資人若遇到勝率不高的狀況時，務必考量如何全身而退地從市場抽手，這是得時刻放心底的前提，但散戶卻常常忘了。

在「投資專家的五個交易心法」這節，我非常喜歡作者將投資比喻為一場「聯想遊戲」。同樣是專職操盤手，我也要以自身經歷在此提醒投資朋友，一定要深入搞懂與股市有關的連動機制，本書有許多精采的連動機制介紹及說明，為不剝奪各位的閱讀樂趣就不贅述，相信反覆閱讀此節，一定會有很大幫助。

此外，我也很高興與作者「英雄所見略同」，因為作者在最後一章提到「建立自己的投資風格」之重要性，這也是

我常提及的面向。藉由本書認識什麼才是投資前最重要的事後，最終各位所需要的，就是理出一套屬於自己的投資方式。

　　在摸索投資一段時間後，相信各位會慢慢體會到，對投資來說其實最重要的就是「真確了解股市」，因為唯有完整了解要參與的市場，最終才能策畫出完善的投資計畫。雖然這是本像遊戲攻略的說明書，卻蘊含作者經年累月所得出的投資經驗，也能從中窺知投資高手是如何看待市場，又採取何種相對應的投資系統。

　　做任何事都一樣，手中的藍圖越明確，越能順利達到目的，而本書就是建構一套專屬自己的投資藍圖之建議書。如果想認識投資，不妨從這本《真確了解股市》開始。相信各位在未來投資操作上，即便遇見大風浪，必定也能穩健前行。

　　（本文作者為《零股獲利術》作者，粉絲團「琨琳狂想零股研究中心」版主。）

【前言】
進場前，該知道的普通常識

　　說起為何會開始動筆寫這本書，我有些不知如何下筆。

　　我在2008年創立資產管理公司，目前的身分是一位避險基金經理。避險基金經理的工作，是讓我的客戶的資產增加，這份工作可說是百分百的幕後工作。我就像技術職人一般，默默地找尋上漲與下跌的股票，為了客戶而每日不停工作著，這樣的想法，直到現在都沒有任何改變。

　　然而另一方面，我也從高薪的外資避險基金公司辭職創業，原因是我希望能讓更多日本人可以更富足地生活，所以我把曾經只服務富裕層與金融機構的專業避險投資知識，藉由成立公司方式公開。我有股強烈的使命，那就是希望普羅大眾也能做到將投資這件事當成一種日常行為，降低對投資這件事的心理難關，並期望能協助更多人以投資方式增加資產。當然也許有人會說，我明明就是一直以來都在錢堆裡打滾的人，怎麼可能會有什麼信念，但我是真的從成立公司到現在都沒有絲毫改變過想法。所以我在寫這本書的同時，也不時思考著是否能夠達到那樣的目的。

長年在業界打滾，我觀察到許多散戶縱使投資失利，還是不停地持續投資，看到這樣的景象我不禁感到有點難受。儘管由於「公平揭露原則」（Regulation Fair Disclosure）[1]開始受到重視而令情勢有些變化，但機構投資人還是比一般散戶大眾更容易取得更多情報，相對上占據較有利的立場。這有點像是不同級別的柔道選手，卻在同一個賽場上比賽一樣。

　　2006年1月日本發生「活力門危機」[2]，導致日本股市暴跌，遭受賠錢損失的散戶接受採訪時，說自己「沒有看到財報」，當時聽聞的我著實受到不小衝擊。股票投資，是以預期將來股價上漲而獲取報酬，所以買下企業發行的股票。那麼怎麼可以沒有對所投資的公司做一番調查就認為股價會上漲，然後做下買股的決定？在股市裡毫無根據的亂槍打鳥，實在是件非常危險的事。

1　主要目的在於減少企業的選擇性揭露，使投資人不論持有股份多寡，均得以享有公平暨動態之資訊權益，以提升投資人對市場公平性與完整性之信心，進而降低內線交易行為發生之機會。
2　活力門事件是由日本活力門公司的醜聞，在日本證券金融市場引爆的一起事件。2006年1月16日，東京地方檢察廳特別搜查部與日本證券交易監視委員會，以活力門公司及其子公司涉嫌違反《證券交易法》有關規定，強行搜查活力門公司總部及董事長堀江貴文的住所。次日日本證券市場受到這一消息的震撼，股價大幅下落。1月23日，堀江貴文被正式逮捕。目前在日本經濟界，活力門事件不僅指活力門企業的股票暴跌，也用來指日本證券市場整體的下跌，因為當時日股正處於急速上升期，活力門的崩盤事件，一度引發股市泡沫恐慌感，使其他股票也受到程度不一的短期跌勢，不過後來在刑事審判期間，其他個股已經逐漸恢復正常。

然而，自認非常了解本身投資行為的人絕對不少。只要去書店，就會看到相當多投資相關書籍，甚至比起以前更多了。也因為有「億萬富豪」「億萬投資家」等這樣封號的散戶存在，所以就算一般投資人有「自己也能從股市獲利後發大財」的想法，也是情有可原。

　　就算如此，我也希望藉由本書，讓所有想藉股市賺錢的廣大散戶，從此能與機構投資人一樣站在公平的賽場上獲得相同的「投資智慧」。

　　我從大學畢業後，便進入外資證券公司的股票調查部[3]工作，很幸運地成為公司裡一位專業分析師的徒弟，從他身上學到很多事情。

　　說到基金經理，或許有很多人會有「在投資公司工作」的印象，但我職涯的開始是在證券公司股市調查部學習企業分析，且負責龐大資金的投資操盤。

　　在這本書中雖然我的行文會刻意淺顯，但我也會提及我在分析企業時基本上都注重哪些重點，企業價值都怎麼計算等。我也會提及當股價漲跌時，企業價值會因為哪些因素出現變化等對於投資來說非常重要的企業分析觀點。此外，如何預測哪家公司股價即將開始上漲，提高投資成功機率的思

3　負責調查、分析國內個別企業，而後提供個別企業股價的投資提案給國內外的機構投資者。

考，也會是我提及的面向。

　　我後來轉職到日本唯一一家上市的股票投資顧問公司，當時聽到該公司的創辦人的話後，心中也有了「哪天我也想創辦一家公司」的想法。為了達成這個目標，我盡量與多位基金經理人交流，學習他們的投資風格。

　　當我在世界知名避險基金公司操作數千億日圓資產時，時常聽到同事的怒罵聲與不絕的電話鈴聲，當時才意識到身處在與一般避險經理不同的工作環境，而我也從中學到有效率與全神貫注的工作方式。這時期的上司，是非常有名的避險基金經理，目前自己獨立創業，本書也會寫到我在這時期學習到的投資風格與資產運用戰略。當時我服務的避險基金團隊，投資成績優異，替客戶賺得許多投資利益。只是當時這個團隊，因上司在社內鬥爭中敗陣，導致必須解散部門，我們都接到異動到香港的命令。也因此，我離開了這家避險基金公司，並到外資證券公司擔任日本股票投資團隊的主理人。這個團隊的成員不只是負責上市股票，在信用不良債權、私募股權等領域也都是專家，在這個團隊中股票避險基金經理可以向各個不同專長的同事學習，也因此可以學到許多事先預測風險的技巧。2007年我得到一筆資金開始獨自操盤，就算在雷曼風暴當時，我仍舊可以從股市獲利，所依靠的都是當初在避險基金與外資自營資金部門學到的經驗。

　　自己創業成了經營者後總有種強烈的感受，那就是就投

資來說，與所投資的公司經營者見面是非常重要的事。也許對企業家來說股價低不是問題，但對投資人來說卻是。如今日本共有3531家公司上市[4]，其中有1900家市值低於股東權益（shareholder's equity）[5]。我也會把握每次與經營者見面的機會，與經營者就「為了提高公司價值總額，有何對策」做討論，就公司經營做診斷，吸引投資大眾買入股票，改變股價低的現狀，改善整體業績。也就是說，經營者本身意識與行動的改變才是最重要的事。

換言之，就投資來說，不應只是重視數字或景氣與經濟狀況的判斷、買賣時機，對於經營者與人的興趣與理解也是不可或缺。

我本身也是一位經營者，當雷曼風暴與東日本大地震等影響經營面的大事件層出不窮時，因為有許多客戶支持著我，我才能讓公司持續經營下去。這也意味著我得到許多恩惠，許多人都在背後支持著我，我要藉此機會向同事、親友們說聲感謝。

本書若能幫助讀者朋友們投資成功，將是我最大的福分。

4　根據台灣金管會統計，2020年台灣上市公司共948家，上櫃公司有782家。
5　股東權益指公司總資產中扣除負債所餘下的部分，也稱為淨資產。股東權益是一個很重要的財務指標，反映公司的自有資本。當資產總額小於負債總額，公司就陷入資不抵債的境地，這時公司的股東權益便消失殆盡。

我買股票時，思考的事

UNDERSTANDING THE STOCK MARKET

1
買股票時
應留心的三個重點
「公司業績在成長」
這個理由，並不充分

▋ 明白「股價上漲」的理由

　　投資股票的人，都是認為某家公司的股票會漲才買的，但我想請讀者們再好好思考一件事，那就是**為什麼股價會上漲**呢？如果是抱著「沒有什麼理由，總之好像會漲」這樣的想法的話，那就跟賭博沒什麼兩樣。舉例來說，「因為○○的需求變多，業績應該也會成長」這樣的回答還算有道理。不過，到底正確答案是什麼？

　　買股票時，有三個重點必須留心。

- 現在的股價便宜嗎？

  如果認為是便宜的，就要好好思考為什麼便宜。當然，你不可能沒先看過公司的業績狀況，就判斷股價很便宜。

- 這間公司的股價應該落在哪裡？

  試著計算自己認為的企業價值（參照第三章）。此外，明確知道現在這麼低廉的股價，需要藉由什麼樣的催化劑（參照下一節），才能達到自己認為的企業價值。

- 用K線圖，了解股價變動的常態。

  如果發生股價突然上升或下降的情況，就要搞清楚當下到底發生了什麼事。也就是說，盡量去了解公司股價變動的原因。

▌ 投資效率很重要

在把前述重點都確認完後，如果發現可以進場購買的標的，下一步就是確認這是否為一筆**有效率的投資**。

假設現在有兩間你想投資的公司。A公司股價目前為1000日圓，如果從企業價值回推的話股價應該為2000日圓比較合理，是目前股價的2倍。B公司的股價目前也是1000日圓，而從企業價值回推的話股價則為1400日圓較合理，比目前的股價高40%。試問，你該投資哪間公司？

若只考慮目標股價的話，應該會覺得A公司的上漲幅度比較高，所以這檔股票比較好吧！但此時必須思考和比較的是，A公司股價翻倍的機率，和B公司股價成長40％的機率。假設A公司有30％機率讓股價翻倍，B公司有90％機率讓股價成長40％。這樣看來，

- A公司：增加1000日圓乘以30％，等於增加300日圓。
- B公司：增加400日圓乘以90％，等於增加360日圓。

　　以上就是兩間公司股價成長的幅度。換句話說，A公司股價的公允值（Fair value，參照第五章）是目前股價1000日圓加上300日圓，等於1300日圓；B公司股價的公允值是1000日圓加上360日圓，等於1360日圓。也就是說**我們不應該只看企業價值，也要同步思考股價成長機率**，想想到底哪一筆投資是有效率的投資。從這個案例來看，可以得出投資B公司是比較有效率的。

▌ 如果勝率不高就收手，保有現金

　　本書會針對股市相關事項做解說，如果覺得「大環境不好，所以現在無法獲利」，那麼希望各位務必記得將投資的資金暫時轉為現金。這是身為散戶投資人的特權，因為機構

投資人由於收取了手續費，所以很難將所有投資資金轉換為現金。

舉例來說，發生雷曼兄弟事件的2008年，東證股價指數（TOPIX）下跌超過40％。該年從年初開始下滑，到3月曾暫時止跌，但從那時起到秋天這段期間又有更大幅的下跌。即便在這樣的環境下，機構投資人還是必須貫徹已經事先決定好的投資政策，持續投資鎖定的標的。不過，在波動性（volatility，股價的變動率）高、風險上升、股價下滑力道強勁時期，就算企業價值是看好的，獲利機率還是很低。

在獲利機率低的情境中，選擇收手才聰明，謹記「**現金為王**」。也就是說如果懂得適時把投資資金換成現金的話，就不會老是憂慮手中股票的價值是否變少了，也能有效控制下行風險（downside risk，股價下滑後可能蒙受的損失）。除了因通貨膨脹或匯市動向等原因而使現金的價值出現變化之外，我認為既然是日本人，住在日本就得使用日圓，所以不必為了日圓（匯率）的價值上揚或下跌而感到煩惱，反正把現金握在手就對了。

2 投資專家的
五個交易心法
如何有效率地投資？

▌ 思考投資的時間軸

　　投資時，也應該思考**能夠回收的時間長短**。投資期越長，風險（不確定性）越大。前一節已經提過機率問題，與此同時也應該思考達到預估企業價值的期間會是多久。沿用前例設定：「A 公司的企業價值雖為目前股價的 2 倍，但要等到翻倍成長卻是五年後；而 B 公司的企業價值儘管不過比目前股價多 40％，卻不到一年就能達成了」。所以若以能用更短時間回收投資成果（抑制風險）這個角度來看，投資 B 公司是更理想的。

　　另外，如果要投資多個標的，假設全部都是在十年後才能收到回報，那麼採取分散投資，把投資目標設定成能在不同時間回收將是更好的選擇。這樣一來就能穩定獲利，而回

收投資成果後又能再開始新的投資，達到複利效果。當然，分散投資多個標的即是分散風險，且獲利也會被分散。換句話說，**與投資單一標的相比，分散投資於多個標的，在損益上波動比較低（比較不會大賺大賠）。**

相反地，集中投資的話，如果投資的標的很好，就能獲得巨大收益；但若投資失敗，也會是筆大損失。

▌ 判讀市場共識

如果想判讀關於企業業績的市場共識，可留意諸如預測企業業績將成長或下滑的新聞報導、《會社四季報》[1]《日經會社情報》[2]、證券公司的分析師預測等。

為什麼我會說判讀市場共識是重要的，因為**可將市場共識視為每個人都已經知道的訊息，然後用來評估股價。**

我舉個例子，曾經有一間很不錯的公司，我做了如下判斷：「雖然該公司當季預測收益是增加20％，但我認為有達到30％的潛力」，於是決定購入股票。反之，如果市場共識預測該公司獲利會達到40％，那麼在已經連同上漲幅度一起評估股價的前提下，如果只成長30％的話則會令人感到

1　由日本東洋經濟新報社發行，刊載上市企業其業績和經營狀況的情報誌。
2　由東京證券交易所和大阪證券交易所為主，刊載所有上市企業的基本資料和業績、財務報表、股價資料等的書籍。

失望，後續也將造成股價下跌的可能。

　　為什麼要判讀市場共識？原因除了評估公司業績之外，還能評估與股市有關的外部環境氣氛。舉個例子，2016年日本政府公告將提高年度預算金額，結果反而造成股市掀起一波拋售潮。因為在真正公告前，就有外國媒體進行煽動式的報導，因此廣大投資人期待政府的投入資金規模能有10兆日圓，於是進場購買股票；但當投資人後來得知政府投入金額只有5至7兆日圓，不如早先的預期，便紛紛賣掉手上的持股。

▌掌握影響股價的關鍵

　　掌握影響股價變動的原動力很重要。

　　這個影響關鍵，會隨行業或商品的不同而有各種樣貌，因此必須一個個探究影響你投資的公司，股價變動的關鍵。

　　舉例來說，零售業或外食相關企業，就要看月營業額與去年同月相比的年增率；鋼鐵股就要看鋼鐵價格的變動；貿易公司股就看一般商品（commodity）價格的變化；半導體產業則要看訂單出貨比是多少（BB值，Book-to-Bill Ratio，訂單金額與出貨金額相除所得的比值）。

　　過去也曾出現相當瘋狂的影響關鍵，事情發生在數位相機才剛開始普及的時候。三洋電機當時的利潤隨數位相機的

普及而擴大，因此股價也會跟著國內外的數位相機生產、販售、出口、庫存資料等相關產銷指標數字而有所調整。此外，柯尼卡（現為柯尼卡美能達）因生產數位相機專用的CCD鏡片，該產品利潤非常高，因此股價也會隨數位相機生產數量而出現變化。

▌找出觸發因素

股價攀升的關鍵來自觸發因素，我認為「找到觸發因素」就能提高投資獲利的機率。

假設有一間業績好、經營者優秀且從企業價值回推的股價比目前股價更高的公司。**股價偏低其實都有理由，若找不到讓偏低的股價變高的觸發因素，就算買了這間公司的股票，也不太可能賺錢。**觸發因素有哪些？舉例來說，因為該企業未來的事業結構改變，可預期獲益大幅提高；年輕的經營團隊放棄過去保守的經營模式轉為積極拓展新業務，可以期待公司的成長性；或是很單純地，發布業績調升或調降的可能性很高，這也是一種觸發因素。此外，「經營者的想法」作為觸發因素來說也很重要。上市公司中，確實有不把提高市值（market capitalization）視為重要政策的公司，這點真的很令人惋惜。如果把這樣的公司當投資對象，可能很難等到投資回報的那天，還是把這些公司排除在投資標的之外才

是聰明做法。上市公司的經營者應該經常意識到自家公司市值是否被市場正確評估，若發現企業價值未被正確評估，就必須對這點採取反應措施。我在決定投資對象時，也會留意上述經營者的想法，好做接下來的投資決定；事實上經營者的一個念頭就會大幅影響公司走向，而後續反映在公司市值的例子也很常見。

▌ 投資是聯想遊戲

我認為很多人都把投資當成是一種聯想遊戲。

舉例來說，聽聞某款汽車在國外銷售成績亮眼，就會想到要購入汽車類股；若是來不及跟上這波，就會想到相關汽車零件也會有需求，於是購買汽車零組件公司的股票。

股票操盤手們其實非常擅長這種聯想遊戲。像聽聞任天堂的精靈寶可夢GO（Pokémon GO）在美國造成轟動，首先是任天堂的股價急速上升，沒跟上這波的股民轉而購買任天堂的供應商，或使用VR、AR技術的遊戲概念股。以金融科技（Fintech，利用科技所產生的新形態金融服務，或是重設既有金融服務的行動）為首的熱門題材股搶購熱潮也一樣，和金融科技相關的公司一家接一家被購買，最後連只要和金融科技沾上邊的公司，就有人會買（見下頁圖表0-1、0-2、0-3）。

圖 表 0-1　當金融科技成為熱門題材後，相關公司的股票接連被購買①
——Infoteria Corporation（軟體開發及銷售公司）

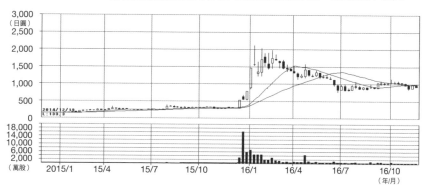

圖 表 0-2　當金融科技成為熱門題材後，相關公司的股票接連被購買②
——櫻花網際網路株式會社（網際網路服務供應，包括數據中心等）

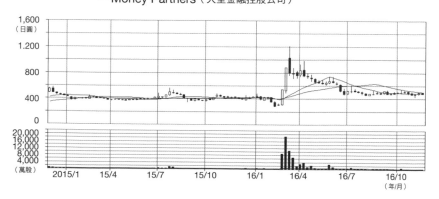

圖 表 0-3　當金融科技成為熱門題材後，相關公司的股票接連被購買③
——Money Partners（大型金融控股公司）

所謂的「熱門題材股」，雖然其特色是在短時間內股價會呈現激烈上下變動趨勢，但我認為變動的理由其實來自這些可造成聯想的資訊，只要透過社群網站等工具就能即時擴散讓許多人知道。

　　不提個別公司，提到影響股匯市相關的聯想遊戲思考，我便想到2013年，時任美國聯邦準備理事會主席的柏南奇（Ben Shalom Bernanke）說出美國的QE3（Quantitative Easing 3，第三代貨幣政策量化寬鬆）可能退場，導致股市低迷、新興國家貨幣下跌、期貨價格跌落、日圓上漲等影響。

　　美國開始實施量化寬鬆政策時，中央銀行向銀行購買金融資產，除了增加貨幣供給量外，同時也希望達成降低利率（債券價格上升）效果。由於美元開始貶值，於是原本放在金融機構的閒置資金開始轉成投資資金。而這些投資資金的去向之一即為黃金、石油等期貨市場，或生產這些投資標的的新興國家市場。

　　由於「當量化寬鬆政策結束後，投資這些標的的資金也會停止」這樣的聯想如漣漪般逐漸擴大，因此市場出現「規避風險」（risk off，資金大舉湧入更安全的資產的狀況）現象。而實際上2014年10月底貨幣量化寬鬆政策退場後，期貨價格呈現急速上漲然後又下跌的狀況。

CHAPTER 1

股票市場是
什麼樣的場所？

UNDERSTANDING THE STOCK MARKET

1 金融市場與股票市場
可進行長期借貸

▌金融市場是進行金錢借貸的地方

　　股票市場是「金融市場」的一部分。接下來讓我來解釋一下金融市場是什麼樣的地方。

　　金融市場，簡單說就是**進行金錢借貸**的地方。手邊有閒錢的人會想著把這些錢借出去藉此增加資金；而想把有趣點子化為有形事業卻沒錢的人，會思考是否能借錢來創業，連接這兩者的地方即是金融市場。

　　金融市場依資金的借貸期間，分為**短期金融市場**和**長期金融市場**，這兩者間有什麼的差異，容我再花點篇幅說明。

　　透過短期金融市場進行的借貸期間不會超過一年，最具代表性的市場就是**拆款市場**（call money market），此處進行銀行業者之間的資金借貸。又因為是銀行間進行的金融交易，也被稱為「銀行間市場」（InterBank Market）。

拆款市場中稱為「隔夜貸款」（overnight loan），最快於借款隔日就返還資金的這種超短期資金借貸，可說每日都在進行。我們通常認為銀行的金庫裡，鈔票多到難以想像，但其實根本不是這樣。因為透過大家的存款所蒐集來的錢，銀行會再將其借出，所以其實銀行每天付給企業或個人顧客的現金數額，與實際上金庫裡的現金數額並不相符。當發生這種現金數額超過或不足的時候，有剩餘資金的銀行就會對資金不足的銀行進行融資，也就是「拆款市場」。

　　短期金融市場除了僅往來於銀行間的「拆款市場」外，還有透過可轉讓定期存單（negotiable certificate of deposit，CD）和商業票據（Commercial Paper，CP）進行資金借貸的其他市場。這就不只限銀行，是一般公司法人也能進入的短期金融市場，所以別名為**公開市場**（open market）。

　　可轉讓定期存單是一種大金額的定期存款，如同其名稱裡的「可轉讓」，若持有者有資金調度需求，就算合約期限未滿，也能在可轉讓定期存單市場中，將該定期存單轉讓給第三者。相反地，若是想運用資金的投資者，也能跟想轉讓存單的持有者購買，進行短期資金運用。

　　商業票據是短期的無擔保債務金融工具，由一般公司法人所發行。如果有機構投資人購買其發行的商業票據，一般事業法人就有短期的資金可調度，而機構投資人也能透過購入商業票據來做短期的資金運用。

▍ 股票市場是進行長期金錢借貸的地方

　　另一方面，相對於短期金融市場，長期金融市場指的是進行一年以上資金借貸的金融市場。講到這裡，終於輪到「股票市場」登場了。長期金融市場分為**債券市場**和**股票市場**。

　　債券市場中有公債（Government bond）、地方債券（Municipal bond）、公司債券（corporate bond）等，透過投資人購買此商品，使發行債券的國家（政府）、地方政府、企業獲得資金。

　　股票是僅公司法人才能使用的資金調度手段，企業透過發行股票進入股票市場，向多數不特定的投資人調度資金。

　　債券和股票雖同樣屬於長期金融市場，兩者卻有相當大的差異。債券設有償還日，時間到了就有義務將借來的資金還給投資人。相對於此，發行股票所獲得的資金並沒有償還義務，全額都能成為公司的股東權益。因為這樣的不同，發行債券所獲得的資金稱為**借入資本**（borrowed capital）；發行股票所獲得的資金稱為**權益資本**（equity capital）。

2 股票市場的角色
發行與流通兩功能

▌股票市場有什麼功能？

長期金融市場分為債券市場和股票市場，而兩者又各有
發行市場和**流通市場**這兩種功能。兩者的差異如下。

- 發行市場：募集新發行的股票或債券出資者的市場。
- 流通市場：投資者買賣已發行的股票或債券的市場
  （也就是次級市場，通常一般大家在講的股票交易，
  都是指在這個市場的交易）。

以股票為例說明。

能發行股票的，如前面所述只有公司法人（民間企業）。
至 2016 年 11 月底，東京證券交易所中的上市公司數為 3531
家。順帶一提，東京證券交易所有一部市場、二部市場等多

個市場，各市場的上市公司數如下所示。

- 一部市場：1994家。
- 二部市場：537家。
- 高成長新興股票市場（Mothers，market of the high-growth and emerging stocks）：225家。
- 日本新興企業取向市場標準版（JASDAQ Standard）：716家。
- 日本新興企業取向市場成長版（JASDAQ Growth）：43家。
- 日本專業投資者市場（Tokyo Pro Market）：16家。

以上加總起來，共3531家公司的股票於東京證券交易所上市。

相較之下，日本現在據說共有約400萬家公司[1]，就算名稱加上「公司」，若想「從多數不特定的投資者手中調度資金」，就不能只是發行股票，還必須在證券交易所上市。換句話說**唯有成為「上市公司」，才能打開更廣闊的資金調度大門。**

1　根據中央通訊社2020年9月7日報導，台灣公司家數共約71.2萬家。https://www.cna.com.tw/news/firstnews/202009070037.aspx

接下來，我將說明股票的發行市場，也就是公司讓股票上市、決定開盤價等之過程。具體來說，程序如下。

1　發行首次公開募股（IPO）

公司決定正式在股票市場上市後，會於東京證券交易所的網站上發表新聞稿。然後透過主承銷商、副承銷商來募集想購買該企業股票的投資者。

2　詢價圈購

想要購買首次公開募股的公司股票，必須透過主承銷商或副承銷商進行「預約」，這個行為稱為「詢價圈購」，此外想購買股票的投資人，還必須事先提出「在什麼價格範圍內願意接受的『價格』和『數量』」。

儘管如此，因為是尚未進入市場、也還沒訂出價格的股票，一般來說很難決定要用多少錢購入。所以，才會訂出如「1000至1500日圓」這樣的價格區間，提出預估股價。這個參考價格是由主承銷商比較預定上市的同業之企業價值所計算出來。因為主承銷商想全數賣出決定出售的交易數量，通常參考價格會比已上市的同業來得較便宜，而最後決定預售價格的會是發行企業的董事會。

除了在股市狀況相當不好，或是沒人看好的公司之外，投資人通常都會以上述方式提出在價格區間的上限購入。順

帶一提，當股市狀況不好時，發行首次公開募股的公司較少；股市榮景時，發行首次公開募股的公司較多，這樣的情形也關係到之後證券公司是否能順利全數賣出股票。股市狀況好的時候因股價也可能訂得較高，所以發行首次公開募股的公司才會變多。

3　發表首次公開募股價格

當詢價圈購結束後，就會決定首次公開募股價格。首次公開募股價格是由主承銷商、副承銷商透過詢價圈購而得的預約金額來決定，通常會訂在價格區間最上限。

4　抽選

新上市的股票因為受矚目，通常會進行抽選（因為想買的人多於上市的股票數量）。抽中的話，購買訂金將全額匯入。新上市的股票因為都是現貨，原則上購買訂金會全額收取。首次公開募股的新上市公司，以公開募股價格賣掉抽選結果所賣出的股票數量再扣掉規費，得到的金額就是新上市公司的資金調度額。

5　上市日期

前述的流程走完後，最後就是準備上市日期。而且，因為開盤價會由上市當日的出資金額所決定，新上市的公司通

常多是市場看好的公司，所以也會發生上市當天無法決定開盤價的情形，有時還必須保留到下個營業日以後才能決定開盤價[2]。

新上市股票的開盤價，雖然通常會比首次公開募股價格來得高，還是可能因為市場狀況而有所改變。在股市低迷時上市的股票，不參考首次公開募股價格來設定開盤價的例子也不算少見。以首次公開募股價格取得新上市股票的投資人，特別是散戶投資人，因為期待上市首日能夠獲利，可能會在當天就賣掉股票。為與這樣的賣家心態抗衡，讓開盤價比首次公開募股價格更高，必須要讓投資人有強烈的買進意念，推使股價上升。所以，上市時的市場狀況是否良好就顯得相當重要。

我用以上1至5的程序，簡單向讀者說明讓新公司得以上市、調度資金的股票發行市場。

▌ 流通市場有什麼功能？

接著說明流通市場。

2　台股IPO有固定承銷價，所以開盤有承銷價當參考，但上市初期五天無漲跌幅限制。

如前述，公司發行股票後多了一筆可調動的資金，甚至能夠全額充當股東權益，就像是發行一種無須償還投資者的債券。

　　如果只有發行市場，對購買股票的投資人來說，企業無須償還資金是非常不合理的。因為投資人拿出的資金，不僅被企業當成股東權益，股票又如同沒有償還日的債券，投資人無法在賣相佳的時候將股票變現。這樣一來，任誰都不會想要投資股票吧！所以流通市場就是必要的存在。

　　流通市場，是**投資人間買賣股票的市場**。有了流通市場，就算股票像沒有償還日的債券，擁有股票的人還是能將其賣給想擁有的投資者，然後將股票轉為現金。

　　順帶一提，以上說明不僅適用股票市場，債券市場也通用。以債券來說，就算有償還日，假設是年限40年的債券，會持續握有這張債券40年並等待償還日的投資人可說是幾乎沒有。大多數的投資人會在40年後的償還日來臨前，透過流通市場賣出這張債券以換現金，所以流通市場的存在真的很重要。

　　總之，發行市場和流通市場對長期金融市場而言，就像車輛兩側的輪胎，若有一側發生故障，長期金融市場也就無法有效運作。

3 股市的上市基準
並非所有公司都能讓股票上市

▍能上市的公司很少

與債券市場同為長期金融市場一員的股票市場，兩者相較，在資金調度方面，大家應該都認為發行股票比發行債券更讓人感覺有利吧！發行債券的話，因為設有償還日期，在期限內都必須對購買債券的投資人支付利息。

相對於此，透過發行股票以調度資金，不僅對調度所得的資金沒有償還義務，還能夠全額使用。此外，對投資人（股東）來說，雖然多數公司會將營利所得的一部分作為股利發放，但這並非強制執行事項。事實上，上市公司能以各種理由不發放股利，也就是所謂的「無配息企業」。

無須償還從投資人手上得到的資金，還不需發放股利，對企業來說無疑是充滿魅力的資金調度方法。不過，乍看之

下對想獲得資金的一方來說很有利，卻也是有缺點的。賣出股票，等於是將公司一部分交給投資人，所以投資人會把注意力放在「這筆投資是否獲利？」「公司是否成長？」於是經營者便不能再將上市公司當成個人商店經營。

　　儘管如此，這還是極具魅力的資金調度方法，但也不是所有公司都認同這樣的資金調度手段。如同前面提過的，日本公司數約在400萬家，其中股票上市的公司數量，僅有3531家。換言之，占比只有0.09％，是個非常狹小的區塊。為什麼上市公司的區塊如此狹小，這要說到股票上市有相當嚴格的要求，即為**上市基準**（listing standards）。

　　如前一節所提到的，東京證券交易所分為「正規市場」（一部市場和二部市場）以及正規市場以外的高成長新興股票市場、日本新興企業取向市場和日本專業投資者市場。

　　本則市場指的是東京證券交易所中的主要交易市場，這裡有著能夠代表日本的大型企業所上市的股票，並在此交易。本則市場以外的，就是以創投企業為中心的新興企業的股票市場[3]。

3　根據《工商時報》2021年7月21日報導，證交所台灣創新板及櫃買中心戰略新板於7月20日舉行聯合開板典禮，證交所董事長許璋瑤表示有些具有關鍵性技術及創新能力的公司，因處在剛發展的階段無法上市，特別推出台灣創新板，希望藉由資本市場強化其營運，加速競爭力。他並說，目前國內上市櫃股票總市值已達60兆元，每天成交金額也超過5000億元，與往年呈現倍數成長，在市場資金充沛下，正是推出新板塊好時機。櫃買中心董事長陳永誠表示，櫃買中心

順帶一提，現在日本的證券交易所除了東京還有名古屋、福岡、札幌，而正規市場除了東證一部、二部，還包含名古屋證券交易所的一部和二部、福岡證券交易所、札幌證券交易所中的所有上市公司。新興市場除了高成長新興股票市場、日本新興企業取向市場和日本專業投資者市場，還有名古屋證券交易所的 Centrex 市場、福岡證券交易所的 Q-Board 市場和札幌證券交易所的 Ambitious 市場。

▌新興市場有寬鬆的上市標準

　　東證一部、二部這樣的正規市場，和高成長新興股票市場、日本新興企業取向市場等新興市場，其上市的審查基準嚴格度並不一樣。

　　以正規市場來說，即便是二部市場，上市時的股東人數也要有 800 人以上，到了一部市場更是需要有 2200 人以上的股東數，不過高成長新興股票市場只要有 200 人以上即可。上市時的市值方面，相對於東證二部市場要求須達到 20 億日圓以上，高成長新興股票市場則為 10 億日圓以上。此外，正規市場明文規定最近兩年的獲利總額應達 5 億日圓以上，

在興櫃股票市場下增設戰略新板，吸納六大核心戰略產業（AI、物聯網、資安、生技、國防及重要民生物資產業等）規模還不到上市櫃標準的企業，能憑藉創新的能力及工作團隊，儘早得到資本市場資金的挹注。

或市值達到500億日圓以上，但高成長新興股票市場則沒有獲利或市值的相關規定。說得極端一點，最近一期的決算數字即便赤字，這樣的公司也可能進入股市。[4]

因此一般來說，日本的公司如果想讓股票上市的話，會先以進入新興市場為目標。進入新興市場後，當公司規模擴大，再以一部或二部市場為目標。

話雖如此，能夠滿足這些條件並上市的公司其實沒有那麼多。日本有為數約400萬家的公司，其中大多數公司的經營規模都未符合上市審查標準，因此大半都未上市。

雖然未上市公司也能發行股票、從第三者手中調度資金，不過這種情況多為從企業相關人士或交易方等本身已認識的對象，請他們購買自家公司股票以求獲得資金，因此獲得的金額也不會太大。又或者，遇到對新創投資基金有興趣的投資人，這樣就有可能獲得更大額度的資金，但投資人為了能回收投入的資金又會對經營方式指手畫腳，讓企業喪失經營自由。

相較之下，上市公司能夠向多數不特定的投資人銷售股票，藉此獲得資金。而且，多數投資人都不會像投資未上市公司的人那樣出手干預經營方針，這是上市公司和未上市公

4　依據台灣證券交易所網站資料，一般公司資本額申請上市時之實收資本額達新台幣6億元以上，股東人數在1000人以上；科技事業或文化創意事業申請上市時之實收資本額達新台幣3億元以上，記名股東人數在1000人以上。

司在資金調度上的最大不同。

如發行股票的公司破產，股票就是股東於自身出資的範圍內所背負的責任。換句話說，因為投入的資金可能不會回到手上，公司將股票上市後應協助投資人做出投資判斷，並有明確提出經營內容的義務。

▌ 衰退的地方證券交易所

過去日本全國各地都有證券交易所。具體來說即為東京證券交易所、大阪證券交易所、名古屋證券交易所、福岡證券交易所、廣島證券交易所、京都證券交易所、神戶證券交易所、新潟證券交易所、札幌證券交易所這九間證券交易所，但經過幾次整併，現在日本交易所集團底下有東京證券交易所和大阪證券交易所，其他地方證券交易所只剩下名古屋證券交易所、福岡證券交易所和札幌證券交易所。

從時代演進角度來看，這些證券交易所會走上消失之路是必然的。

日本之所以原本會有九間證券交易所，是為了散居各地的股東開設臨近的流通市場，讓股票的買賣活動更加便利，考慮當時的通訊方式僅限室內電話，交通方式也不如現在發達，所以這樣的發展是理所當然的。現代有了能夠隨時上網的行動裝置、交通方面也能做到快速移動，就不需在全國各

地設置證券交易所了。於是原本散布全國的九間證券交易所，僅剩日本交易所集團、名古屋證券交易所、福岡證券交易所和札幌證券這四家。

在證券交易所整併過程中，變動最大的莫過東京證券交易所和大阪證券交易所的合併。

這兩間證券交易所，在過去是如同東西二巨頭那樣的競爭存在，隨著全球證券交易所之競爭日漸激烈，為讓國內股票市場更活絡，才進行整合。2013 年 1 月，日本交易所集團成立，於東證一部市場上市。同集團以持股公司身分，於旗下重新編制東京證券交易所和大阪證券交易所。順帶一提，大阪證券交易所將現貨交易的部分完全交由東京證券交易所掌管，同時變身並更名為專營衍生性金融商品的大阪證券交易所。

至於以地方證券交易所形式留下來的名古屋證券交易所、福岡證券交易所、札幌證券交易所，這些證券市場中有些公司也於東京證券交易所重複上市，但也有些公司僅於某交易所上市股票。單獨於各地方證券交易所上市的公司數量，在 2016 年 12 月時的概況如下（僅列出正規市場）。

- 福岡證券交易所：29 家
- 名古屋證券交易所：77 家
- 札幌證券交易所：9 家

而單獨在各自的地方證券交易所中上市的新創公司數量如下。

- Centrex市場（名古屋證券交易所）：12家
- Q-Board市場（福岡證券交易所）：6家
- Ambitious市場（札幌證券交易所）：6家

4 市場不只是
證券交易所？
縮小的自營交易市場
和擴大的暗池

自營交易是什麼？

日本國內股票市場的交易時間，分為早盤和午盤，早盤為上午9點開始交易至11點半，午盤為下午12點半開始交易至3點。儘管很久以前就已經有東京證券交易所是否開放夜間交易的討論，時至今日也尚未實現。[5]

而日本有一個稱為自營交易市場（PTS市場）的制度，但這不算是夜間交易的替代方案。這是由各證券公司等自行設立的交易系統，讓投資者在夜間等非交易所營業時間也能

5　台灣股市交易時間為上午9點開始交易至下午1點半。

買賣股票。附帶一提，PTS是Proprietary Trading System的縮寫，如字面意義是「自行設立的交易系統」。

1998年12月，因證券交易法修正，廢除「交易所集中義務」條文。所謂交易所集中義務，是指「若有顧客（投資者）想買賣上市股票，證券公司不得直接回應該訂單，必須先將買賣訂單轉至交易所」。

投資人在買賣股票時會向證券公司提出要求，因此看起來就像證券公司直接回應顧客需求，但證券公司不過是轉介了顧客要求。就實務面來說，多數的買賣訂單都集中於證券交易所，並在那裡進行買進與賣出的交換。換句話說，投資人透過證券公司，在證券交易所這個進行股票買進與賣出行為的地方，與其他投資人進行交易。這樣的交易過程中，集中所有投資人的買賣訂單於證券交易所的義務，就稱為「交易所集中義務」。

會廢除這個「交易所集中義務」，是因為投資人對交易的需求變得更多樣化，若把這些需求全集中到交易所的話將無法完全對應，但放置不管的話，恐會提高日本證券交易崩盤可能性。

因此，自營交易市場便出現了。沒了交易所集中義務，就能夠在交易所非營業時間進行買賣。如前所述，東京證券交易所的現貨市場交易時間為上午9點至11點半，下午12點半至3點；而自營交易市場的日間服務時間為上午8點20

分至下午4點，夜間服務時間為晚間7點至11點59分。

看到日間服務時間就知道，交易所的早盤與午盤時間，與自營交易市場的日間服務時間有重疊，因此投資人能任選其中一方提出訂單。

不過，因為自營交易市場的交易量較證券交易所來得少，可能發生自己想買的標的不存在，或是想將手中持有的股票賣出時，碰不到買家。因此，通常我們會在交易所的營業時間內，於交易所提出訂單，而非自營交易市場。

自營交易市場能夠真正發揮作用的時間，落在交易所營業時間結束的下午3點後。像是企業的決算內容常於下午3點後才發布，不論決算結果比想像的好或壞，都無須等到下一個營業日交易開始才進行買賣。

再加上日本股市極易受美國股市影響緣故，美國的股價若是上升，下個營業日的日本股價就會傾向上升。美國股市開盤時間為日本時間晚上11點半，若是日光節約時間則為晚上10點半[6]。標準時間開盤則距離自營交易市場的夜間服務時間還有30分鐘，日光節約時間則約為90分鐘，這時就能一邊觀察美國市場動向，一邊在自營交易市場買賣日本市場的股票。

這麼做看似擁有交易優勢，但還是有缺點的，因為交易

6　是一種在夏季月分犧牲正常的日出時間，而將時間調快的做法。

量比交易所來得少，流動性低，有時因為新聞等影響使投資人過度反應，導致股價劇烈波動。假如因為前一天有好新聞出現，在自營交易市場的股價開始翻升，但也許交易所於下個交易日開盤後，股價卻紋風不動，最後損失慘重。

另外，自營交易市場雖然便利性高，卻有規模縮小的傾向。以下列出曾出現的自營交易市場。

- 松井證券即時交易（松井證券）
- kabu.com PTS（kabu.com 證券公司）
- MONEX Nighter（摩乃科斯證券公司）
- 樂天證券 PTS（樂天證券）
- 大和 PTS（大和證券）
- SBI Japan Next PTS（SBI 證券）

但從 2011 年至 2012 年，松井證券、kabu.com 證券株式會社、摩乃科斯證券公司、樂天證券、大和證券皆退出自營交易市場。至 2016 年 12 月，還繼續營運服務個人散戶的自營交易市場的，只剩下 SBI 證券的「SBI Japan Next PTS」。

多數證券公司會退出自營交易市場的理由，就是交易量難以增加、無利可圖。至於交易量難以增加的原因，有人說是在自營交易市場中的交易，不被認可為信用交易（融資融券交易）。

▌暗池交易興隆

如前所述，自營交易市場中針對個人散戶的夜間交易行為，因為赤字等問題發生，許多證券公司都不再提供此服務。

但是，如自營交易市場這種不在交易所內買賣的方式，並不是全都邁向消失。事實上自營交易市場中，非針對散戶投資人，而是針對機構投資人的服務，反而一路成長。會呈現這樣的局面，其實和2012年10月開始放寬的「公開收購的百分之五規範」[7]，並排除自營交易市場有關。

所謂公開收購的百分之五規範，是指投資人在交易所外購買股票，當投資人持有比例超過百分之五，每次新購入股份時必須實行公開收購（TOB）。不過，若是在交易所進行交易，則不適用此條目。而在2012年10月以後，就算不是在交易所進行買賣，也可以不受此百分之五規範的限制。因此，交易上的難度和繁雜度降低，特別是機構投資人的非交易所買賣，也跟著慢慢興盛起來。

而非交易所買賣方面，近年受到矚目的是**暗池**（dark pool）。所謂暗池，指的是證券公司為大型投資者所提供的服務，利用證券公司內的系統來讓交易成立的方法。這是一

7　當投資者於證券交易所以外的地方進行收購，若在收購後，收購者持有的股份總數超過現已發行全部股份的百分之五，就有公開收購之義務（《日本金融商品交易法第二十七條之二第一項一號》）。

種完全不透過交易所進行買賣的交易活動。

　　暗池有什麼樣的優勢呢？對活用暗池進行交易的投資人來說，可能有以下優點。

- 能夠匿名交易
- 能夠降低交易成本
- 可期望定價修正

　　暗池中進行的交易，因為完全沒經過交易所，能夠維持高度匿名性。即便是大金額的交易，也不會知道究竟是哪個投資人提出該筆訂單。

　　假設某投資管理公司想取得某公司20萬股的股票。如果是一般交易方式，就是到交易所進行申購，然後「某投資管理公司來了一張20萬股的訂單」這樣的資訊就會流傳到其他投資人耳中。當然，對想要買這檔股票的投資人來說，因為事前流出這個資訊，如果引起其他投資人大量湧入購買，就會使股價上漲而買到價格高點。

　　這種大額的交易若透過交易所下訂，就可能發生上述那樣影響其他投資人、使股價出現變動的情況，所以會透過暗池來使交易成立。暗池能夠維持投資人的匿名性，又無須經由交易所，只要透過經營暗池的證券公司就能完成交易，不會讓股價直接受供需關係而出現變動。對大型投資者而言，

暗池除了在交易上更具靈活性，還能將市場衝擊壓制在最小限度，是非常方便的手段。

　　在交易所買賣中，如果標的物的名目價格（nominal price，交易時的價格）是以1日圓為單位，暗池交易則可再細化到0.1日圓，能夠以更精細的價格來完成交易。於是，對想再買得便宜一點，或想再賣得高價一點的大型投資者來說，可以期望交易成本和定價方面得到修正。對經常進行以億為單位來交易的投資者而言，從交易成本或定價修正所能得到的經濟效果，將是一筆非常大的數目。

　　今後，證券市場若繼續機構化（機構投資人的持股比例增加），像暗池這樣的非交易所買賣的重要性就會提高，甚至可能超越在交易所買賣。

CHAPTER **2**

決定股價的機制

UNDERSTANDING THE STOCK MARKET

1

下單方式和股價
兩原則：
價格優先、時間優先

▌ 下單方式有市場委託指令和限價指令

進行股票投資時，應該向證券公司下單，而下單方式可大致分為兩種：**市場委託指令和限價指令。**

市場委託指令的意思是，**不指定買賣價格，僅指定標的物和股數，交易則是交給當時的市場走向**（股市行情）。因此，隨著市場的趨勢強弱，有可能買在意外高點，也可能賣在意外低點。

至於限價指令，則是**指定包含標的物、股數和買賣價格的下單方式。**股票顯示板上顯示的買進股數、賣出數量，就是從限價指令而來。以限價指令下單的話，買進時，必須是目前股價等於自己指定的股價或低於此價格（有利），才會執行交易。相反地，賣出時，目前股價等於自己指定的股價

或高於此價格（有利），才會執行交易。以限價指令下單的話，不論想買進或賣出，都不會發生碰上非預期的股價而交易。不過以限價指令下單也有缺點，因為如果股價一直沒走到指定價格就不會執行交易，隨著市場價格變動而無法交易成功的案例也會發生。此外，就算達成指定股價，也可能無法成功交易，這跟股票交易時的固定規則有關。

▎ 訂單成立需遵守兩規則

這個規則就是，**價格優先原則和時間優先原則**。

價格優先原則指的是，**買賣交易時，市場委託指令優先限價指令**。同一時間提出下單需求的話，市場委託指令會比限價指令優先進入市場交易。

至於時間優先原則就是，**同樣提出下單需求，原則上較早提出下單需求的能比較晚提出下單需求的更優先進入市場交易**。然後**價格優先原則又比時間優先原則的順位來得更優先**，換句話說，**比較晚提出的市場委託指令的處理順位，優先於比較早提出的限價指令**。

了解這個規則後來思考交易的優先順序，會得到「如果無論如何都得進行交易，就**應該選擇市場委託指令而非限價指令**」的結論（但是，雖然因為這個規則能夠優先交易，卻有因市場行情而在非預期價格交易的風險）。反過來，如果

很在意交易價格的人，就應該選擇限價指令。

當然，選擇限價指令，最後可能無法交易，眼看股價走向與自己期望相異的價格。舉例來說，當我設定於股價到達1500日圓時買進，但股價卻沒落在1500日圓就直接往2000日圓、2500日圓邁進，我就無法買到。因此，如果無論如何都要買到這檔股票，或是決心賣出，用市場委託指令來下單較能提高交易可能性。而運用市場委託指令來下單時，如果要買賣的股數未達標的物的平均交易量5％，基本上是不會對股價有什麼大影響的。

▌股票的交易單位

前面已經解說了市場委託指令和限價指令，但實際上下單買賣股票時，還必須決定**交易數量**。交易的股數並非全由投資人依喜好自由決定買賣數量，必須根據**交易單位**來指定交易股數。

所謂「交易單位」，是由股票的發行公司認定一定股數為一個單位，以此為在股市中的最低交易股數。假設一張股票的金額為5萬日圓，那就是一張股票的金額除以一股的金額後，得到之股數即為「一個單位」。換句話說，如果一股的金額為50日圓，那麼一張金額5萬日圓的股票除以一股50日圓就等於1000股，則1000股即為最低交易股數。

但是，這樣的制度於2001年的商法改正案後廢止，現在日本的股票之發行公司可自由指定股數為一個單位。

　　那麼，現在一個單位到底有多少股？在過去的時代，是以1000股為一個單位，而絕大多數公司到現在還在延用，第二多的就是以100股為一個單位。如果是一股股價4000日圓、6000日圓的高價股，若還是以1000股為單位，最低投資金額就會相當大，對散戶投資人來說買賣相當困難，恐會陷入流動性不足的狀態，所以東京證券交易所明定希望投資金額落在5萬日圓以上、未滿50萬日圓，而為符合這個標準，許多高價股的企業就將一單位設為100股。[1]

　　但是，東京證交所只是「希望」投資單位能有調整，而非強制要求，因此想投資優衣庫或任天堂等知名企業，最少就要備妥數百萬日圓。順帶一提，研發與製造工業自動化和檢測儀器大廠基恩斯（KEYENCE）在2016年12月股價已超過7萬日圓，最低投資單位為100單位，所以最低投資金額需要700萬日圓以上，但在2017年1月21日，該公司將一股分割為兩股，讓投資人可輕鬆地買入公司股票。即使如此，這對散戶來說還是相當高價的投資，若該公司能將交易單位調降為10股，會是最理想的。

1　台灣目前通用制度是一張股票為1000股。另台灣目前可於盤中及盤後做零股交易。

2 下單成立的機制
決定股價的兩種規則

▌ 集合競價制度和盤中逐筆交易制度

說到股市，如字面所示，是交易股票並決定價格的地方。這節將解說實際上市場是透過什麼樣的流程，來訂出股價。

股價是依照能在什麼樣的價格範圍裡，賣出和買進多少股數來決定。而這種決定股價的方式分為**集合競價制度**和**盤中逐筆交易制度**。

先來解釋「集合競價制度」，這是**決定交易開始和結束時的股價的方式**。日本股市因為有上午9點至11點半的「早盤」和下午12點半至3點的「午盤」，「集合競價制度」會決定早盤開盤與收盤成交價及午盤開盤與收盤成交價。

此外，當出現數目很大的買進或賣出訂單的「特別狀況」（想買進和想賣出的人出現壓倒性不平衡，只偏向某一方時，

不會即時完成交易，而會特別公告名目價格，顯示參考價）時也會進行這種競價制度。這是為防止供需失衡造成股價動盪所設置，網路證券公司的交易工具上，會顯示個別公司的詳細買賣資訊，這些買賣資訊的旁邊有時會看到還標註一個「特」字。

現在假設我們以市場委託指令想買進 20 萬股。目前市場上有股價 1020 日圓、2000 股的賣出單，和股價 1010 日圓、20 萬股的買進單。這樣看來，1020 日圓、2000 股的訂單好像能夠成立，因為股價在賣出股數和買進股數相同後可進行交易，但實際上這個狀態並不能完成交易。這時會出現 1010 日圓的特別買進狀況，並在 20 萬股的賣出訂單出現前維持這個特別狀況。

但是經過 3 分鐘後，如果還是沒出現能對應此 1010 日圓特別買進狀況的賣出訂單，就會結束公告參考價。至於股價若是 1000 日圓以上、未滿 1500 日圓，價格調幅是 30 日圓，所以將變成 1040 日圓的特別買進狀況和 1050 日圓的賣出狀況。最後，在到達買進和賣出數字相同之前，股價還會繼續調漲。

這種讓賣出股數和買進股數一致，所進行的股價調整就是「集合競價制度」。因此，早盤和午盤的開盤與收盤價，也是透過「集合競價制度」處理。

接著來講「盤中逐筆交易制度」，這個方式決定的是**交易期間中的股價**。

假設現在有一張股價2000日圓、5000股的賣出訂單，和股價1995日圓、7000股的買進訂單。此時，如果買進訂單設定的價格不是1995日圓而是2000日圓又剛好是5000股，這5000股的買進訂單和賣出訂單就能馬上成立。如果，賣出訂單不是2000日圓而是1995日圓、5000股，那麼這5000股的賣出訂單和7000股買進訂單中的5000股，也能馬上成立。

不管是早盤或午盤，都是在交易開始前後透過「集合競價制度」決定股價，在交易期間透過「盤中逐筆交易制度」完成交易。[2]

▎「股價揭示資訊看板」含有什麼樣的訊息？

實際買賣股票時，「股價揭示資訊看板」上的訊息非常珍貴。對想進行短期操作的投資人自不在話下，對想長期投資的投資人來說，掌握進場時該在什麼樣的股價買進也是很

2　我國集中交易市場採電腦自動交易，開收盤時段仍維持集合競價，盤中時段（9:00-13:25）實施逐筆交易。現行現股為每5秒集合競價。

重要的。

　　那麼，透過「股價揭示資訊看板」，到底能夠得到什麼樣的訊息呢？

　　第一，**能知道現時股價可買進多少股數，又或者賣出多少股數**。假設從圖表 2-1 的股價揭示資訊顯示「盤中逐筆交易」。

圖表 2-1　　股價揭示資訊看板（例1）
　　　　　　　　——賣出和買進股數都很多（數量充分）時

賣單（賣出資訊）	價格	買單（買進資訊）
23500	2500	
24000	2445	
10000	2440	
20500	2435	
10500	2430	
9000	2425	
7000	2420	
15000	2415	
	2410	18000
	2405	17500
	2400	20000
	2395	25000
	2390	24500

從這個例子可看到，某檔股票有人掛單想以2410日圓股價買進18000股，還有人掛單想以2415日圓股價賣出15000股。這時，如果想在2415日圓的價格購買這檔股票，因為有人賣出15000股，只要沒超出原本想買進的股數，就能馬上成功交易。但如果是想買進20000股，因為只能成交15000股，所以會再另標示想以2415日圓買進5000股，在新的賣單上出現以2415日圓賣出5000股之前，這筆20000股的買單就無法成立。

　　如同上述說明，透過觀看股價揭示資訊看板，就能掌握自己希望買進或賣出的訂單，能否順利交易。

　　第二，**能明白股價的方向性**。當買勢強勁時，賣單會從最下方的價格開始慢慢消除賣出股數，賣單也會逐漸往上方有新的標示；至於賣出勢頭猛烈的話，買單會從最上方的價格開始慢慢消除買進股數，買單則是逐漸往下方有新的標示。最近因為交易進行快速，特別是買賣熱烈的標的，揭示資訊看板上的訊息變動非常劇烈，所以觀看價格變動的走向，就能大概知道「這檔股票究竟是賣的人多，還是買的人多」。

　　第三，這點也非常重要，**能有效掌握流通性**。所謂具流通性的狀態是指不論賣出或買進，都有充足的股數。流通性低的狀態是指因為股數少，將出現無法以想像中的股價賣出或買進的狀態。

我們已經了解看板對於確認利益的重要性，假設現在你手上有5000股，並打算趁現在的股價賣出以獲得利潤，但看到買進資訊後，看板呈現如圖表2-2的話，你認為該怎麼做才好？

這是幾乎沒有什麼買單的狀況，就算想以2410日圓的「限價指令」賣出5000股，但在目前這個時機點，卻沒有能回應5000股賣單的買家。若是以「市場委託指令」，在賣掉

圖表 2-2　股價揭示資訊看板（例2）
──買進資訊少（未具備充足股數）時

賣單（賣出資訊）	價格	買單（買進資訊）
23500	2500	
24000	2445	
10000	2440	
20500	2435	
10500	2430	
9000	2425	
7000	2420	
15000	2415	
	2410	100
	2405	100
	2400	200
	2395	200
	2390	100

5000股之前股價就會一路下跌了。

　　根據上頁圖表2-2的訊息，就算股價降到2390日圓，總共也只能賣出700股。因為還有4300股的賣單，在消化完這些股數前股價將一路往下滑。也就是說，好不容易換得的利潤，也會失去原本應有的價值。因為可能遇到這樣的情況，機構投資人等運用大筆資金的投資者，通常都只以能隨時交易、具一定流通性（交易量）的標的為投資對象。而上市公司方面，為讓更多投資人把自家公司當成投資對象，就必須努力提高流通性。

　　對新興企業等進出市場的股數還不夠多的公司，經常可見「股價揭示資訊少」的情況。和豐田汽車這種大型股相比，新興市場的中小型股的價格變動劇烈，除業績變化等基本面，他們在市場流通的股數也相對少量，所以在交易結構方面，價格也就容易出現動盪。

　　其次，市場上有多少股票正在流通，只要查看個股的自由流通股份比率就能知道。如果是東證上市股，就會詳細記錄於日本交易所集團的網站和四季報等。其他的話，若有在證券公司開設帳戶，則可在各家公司的交易網站上，查詢公司資訊頁面。

3
信用交易對股價的影響
打算靠賣股賺錢的市場參與者

▋ 能做「賣空」的信用交易

　　股票市場中有進行現貨交易的投資人，也有透過「信用交易」（融資融券）來買賣的投資人。

　　現貨交易如字面所示，購買股份前必須準備現金，用來買進股票。舉例來說，當打算購買100股為一單位，現價4000日圓的投資標的，必須準備的金額即為40萬日圓（不列入手續費等成本）。投資者用手邊的40萬日圓現金來購買股票。至於賣出股票時也一樣，一般交易時手上必須握有股票。因為擁有某公司100股的股票，才能在股市賣出該標的100股。

相對於此，信用交易是**投資人向證券公司借貸資金（融資）或股份（融券），然後進行交易**。

信用交易因為是這種接受投資人的授信來進行股票買賣的制度，實際進行交易時，就必須向證券公司提供擔保。能夠作為擔保的「保證金」可以是現金，或是證券、債券、證券投資基金等實物（這些都是替代擔保）。順帶一提，要提出多少擔保才能進行信用交易？法令規定「委託保證金率為30％」。[3]

「委託保證金率30％」的意思是，如果想進行1000萬日圓的交易，則自備金為此金額的30％，也就是要拿出300萬日圓。換句話說，活用信用交易，就能操作比自有資金多約3倍的買賣。

此外，信用交易不僅可用於購買股票，還能進行「賣空」「賒銷」（sales on credit）、「放空」（short）這些雖未持有的賣出行為。這可說是一般交易看不到，只有信用交易才具備的優勢。信用交易不僅現金，還能借到股票，是能賣出借來的股份的機制（需支付證券借出費）。

所謂「賣空」，指的是**先借出認為將來股價會下跌的標的來賣**，當股票下跌時就買進以獲得利益的交易。假定現在有一檔股價4000日圓的股票，如果你認為將來股價會下跌，

3　台灣法規規定的融資成數是需自備40％的自備款，然後跟券商融資60％。

就可以做空。未來，如果股價跌至3000日圓，那時再買進還回股份，這中間的差額，即為賣空所得之利益。

換句話說，如果有信用交易帳戶，不僅在股價上升時能獲利，股價下跌時也有機會繼續獲利。

不過，信用交易在某些方面，還是有不如一般交易的缺點和注意事項。

第一，與一般交易相比，風險比較高。如前面說的，因為委託保證金率為30％，能夠進行比自有資金多約3倍的買賣。假設我們拿出1000萬日圓的保證金，準備進行3000萬日圓的交易。在這種比自己所持有資金還多的狀態下，如果發生損失，虧損可能比自己所持有的資金還大。舉例來說，當3000萬日圓資金中出現300萬日圓損失，這個比例是10％；但若從自己原有的資金1000萬日圓來看的話，實際上是出現將近30％的損失。而3000萬日圓減去300萬日圓等於2700萬日圓，此時的必須保證金（30％）為810萬日圓，但實際上手上持有的保證金為1000萬日圓減去300萬日圓等於700萬日圓，因此還會產生110萬日圓的追加保證金。從這個角度來看，就算有3倍的槓桿可操作，超出信用額度的買賣還是非常危險的。

第二，交易隨種類不同會有「交易期限」。日本的信用交易分為「標準信用交易」（Standardized Margin Transaction）

和「議借信用交易」(Negotiable Margin Transaction)[4]。

「標準信用交易」指的是，僅以證券交易所公告的企業為對象做信用交易。可以這麼說，是經證券交易所認證後所進行的信用交易。

至於「議借信用交易」，是由證券公司和投資人締結契約所進行的信用交易，而能成為交易對象的企業，只有該證券公司認可的企業。

「標準信用交易」和「議借信用交易」的相異之處，在於是否有交易期限。「標準信用交易」的還款期限為六個月，必須在此期限內確認損益。也就是說，時間再長，也必須在六個月內平倉（closing out a position）。

相對於此，「議借信用交易」則沒有期限，可無限期持有倉位。這點和一般的證券交易幾乎沒兩樣，但一般狀況下，和「標準信用交易」相比，借股買賣時，利息會設定得比較高，所以成本也提高了。

設有期限的「標準信用交易」，因為必須平倉交易，就算經過六個月卻沒有獲利或者產生潛在損失，也必須照單認賠。「議借信用交易」雖然不需在意期限，利息和「標準信用交易」相比卻也更高，能夠交易的企業和「標準信用交易」

4　根據台灣證券交易所網站，台灣的有價證券借貸方式依交易型態不同，分為三種：定價交易、競價交易及議借交易。

相比則更少了。[5]

　　該選擇一般交易還是信用交易？如果選擇信用交易又該選擇「標準信用交易」還是「議借信用交易」？必須思考各自之優缺點後再來決定。

▌ 關於信用交易的各種指標

　　透過信用交易進行的買賣，也會對未來的供需關係帶來極大影響。

　　假設我們現在融資買進（buying on margin）許多股票，這些買進倉位一定會在信用期限六個月內的某天，進入市場賣出。相反地，囤積許多賣出倉位的話，也一樣會進入市場被買走。也就是說，融資買進會成為未來的賣壓，賣空則會成為將來的買壓。

　　那麼，接下來就該思考何時進行反向交易（reversing trade）了。舉個例子，透過信用交易買進的投資者，因為在未來六個月內可隨時進行反向交易，所以我們不會知道他會

5　根據台灣證券交易所網站資訊：有價證券買賣融資融券之期限為六個月，委託人於期限屆滿前得申請展延，以二次為限；證券商應審核委託人之信用狀況始得同意展延。但委託人於不同時間融資買進之有價證券，有分割、反分割或其他原因，經合併為一交易單位後，其融資期限之計算採最近融資買進有價證券之期限為基準。https://twse-regulation.twse.com.tw/tw/law/DOC01.aspx?FLCODE=FL007121&FLNO=5

在哪個時間點提出賣出需求。

不過這裡有個參考基準，那就是**隨高點而來的信用期限到來日**。在股價創下高點的日子，不僅一般交易的投資者，透過信用交易買進的投資者也會很多。最近一次創下高價後股價即會降下，考慮透過信用交易而抓到股價高點的投資者立場，在信用期限來臨的六個月之間，為減少損失而賣出是迫切必要的。因此，股價攀上高點後轉落的六個月內，這種為求減少損失而賣出的情況很常見，如果出現什麼事件讓股價加速下跌，情況會更加明顯；或者是信用期限到期前，股價下滑的力道也會加強。但是因為隨後賣壓消失，股價也容易從谷底轉升。

同樣地，做空的投資者也適用這個參考基準。股價下滑的過程中會有許多操作賣空的投資者進場，因此從股價到達低點轉升的六個月就容易出現為了減少損失而買進的狀況。如果有某個事件導致股價快速上升，則為了減少損失而買進的情況會更加明顯，或者是信用期限到期前，股價也容易上升。

因為這種相互關係，股價在到達高點或低點後的六個月，隨著因信用交易而遭受損失的人執行反向交易，股價也容易受到影響。

但若想看到具體的信用交易實況，應該參考什麼指標呢？

首先是**信用倍率**（進行信用交易的投資者，買進除以賣出的比率），信用倍率可透過以下公式得到。

信用倍率＝（融資）買進數量÷（融券）賣出數量

各企業的買進數量和賣出數量資訊，可在日本交易所集團的網站或雅虎股市等網頁就輕鬆找到。買進數量是透過信用交易而購買的股數，賣出數量則是賣出的股數。**以買進數量除以賣出數量可得知，究竟是買方優勢還是賣方優勢。**

信用倍率超過 1 倍的話，就是買進融資為多；未滿 1 倍的話，則是賣空的人多。雖然利用信用交易可以做空，但多數投資者並非賣空而是進行買進融資，因此信用倍率超過 1 倍才是常態。不過，不同的公司有不同狀況，也會看到信用倍率不足 1 倍的例子，也就是對此公司做空的投資人比較多，而這樣的公司因為可能隨時發生賣空的平倉交易，股價可能只是暫時上升。

以日本為例，日本交易所集團的網頁有統計資訊，公開了信用交易數量和賣空合計，可從該處看到買進數量和賣出數量、市場整體和行業別的賣空比率。如此就能掌握目前有多少買進數量和賣出數量，以及信用倍率和賣空比率（為做空而未買回的股數比例）。

在安倍經濟學前的股市狀態，信用倍率中間值為 1.56，

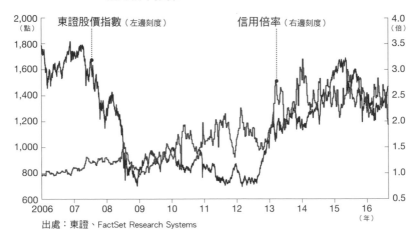

圖表 2-3　因安倍經濟學，股市信用倍率上升
　　　　——信用倍率推算

東證股價指數（左邊刻度）　　　信用倍率（右邊刻度）

出處：東證、FactSet Research Systems

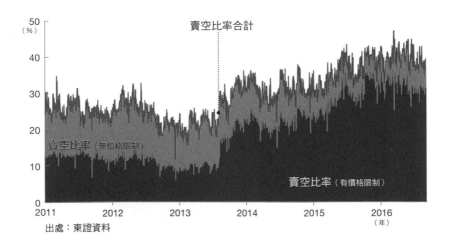

圖表 2-4　「股票回購」需求的強度
　　　　——賣空比率推算

賣空比率合計

賣空比率（無價格限制）

賣空比率（有價格限制）

出處：東證資料

賣空比率未達30%；但在安倍經濟學後，信用倍率中間值成長至2.9，賣空比率也來到31%，2016年後更是上升到35%（見左頁圖表2-3、2-4）。

一旦賣空比率超過45%，當股市行情變動時就可能出現回購需求。相反地如果低於30%，即表示沒有那麼多人在做空，一旦行情轉差，股市可能將大幅崩盤。

下一個是**周轉期間**，指進行信用交易的投資者，到返還平倉期限前的天數。這個數字由各證券公司自行規定，但可進行「標準信用交易」的相關企業，可上日本證券金融的網站查詢，而周轉期間可用以下公式求得。

周轉期間＝（融資數量＋貸股數量）×2÷信用交易買賣額（新融資＋融資返還＋新貸股＋貸股返還）

以下頁圖表2-5的神戶製鋼所為例來計算，得出周轉期間為13天。

（10687000＋781000）×2÷（40000＋927000＋597000＋178000）＝13

這個數字能讓我們知道「透過信用交易持倉後的13天

各公司融資及貸股數量一覽表
日本證券金融公司
（單位：股）

確認	申請日	代碼	公司名	市場區分	新融資	融資返還	融資數量	新貸股	貸股返還	貸股數量	扣除數量	前日扣除比	信用周轉期間
確認	20160806	5310	東洋炭素	東証	0	1,000	300	0	0	0	300	-1,000	1
確認	20160806	5331	ノリタケ	東証	17,000	0	70,000	23,000	6,000	70,000	0	0	6
確認	20160806	5332	TOTO	東証	500	400	47,600	400	300	47,600	0	0	119
確認	20160806	5333	日本碍子	東証	12,000	1,800	64,000	75,800	100	95,100	-31,100	-65,500	4
確認	20160806	5334	日本特殊陶業	東証	100	600	65,300	6,600	500	21,900	43,400	-6,600	22
確認	20160806	5337	ダント-HD	東証	0	0	24,000	0	0	0	24,000	0	
確認	20160806	5341	アサヒ衛陶	東証	13,000	52,000	465,000	0	0	0	465,000	-39,000	14
確認	20160806	5344	MARUWA	東証	100	3,800	4,600	800	200	7,000	-2,400	-4,300	5
確認	20160806	5351	品川リフラ	東証	15,000	0	185,000	12,000	0	18,000	167,000	3,000	15
確認	20160806	5352	黑崎播磨	東証	0	63,000	108,000	9,000	0	23,000	85,000	-72,000	4
確認	20160806	5355	日本坩堝	東証	0	0	1,000	0	0	0	1,000	0	
確認	20160806	5357	ヨ-タイ	東証	0	0	42,000	0	0	0	42,000	0	
確認	20160806	5358	イソライト	東証	8,100	12,100	85,200	300	1,300	11,000	74,200	-3,000	9
確認	20160806	5363	東京窯業	東証	0	0	15,700	0	0	2,800	12,900	0	
確認	20160806	5367	ニッカト-	東証	500	100	1,200	400	0	1,200	0	0	5
確認	20160806	5380	新東	東証	0	0	1,000	0	0	0	1,000	0	
確認	20160806	5381	Mipox	東証	2,000	0	86,900	300	0	700	86,200	1,700	76
確認	20160806	5384	FUJIMI	東証	0	900	15,500	600	0	2,500	13,000	-1,500	24
確認	20160806	5386	鶴彌	東証	0	0	1,900	0	0	0	1,900	0	
確認	20160806	5387	チヨダウ-テ	東証	0	0	0	0	0	0	0	0	
確認	20160806	5388	クニミネ工業	東証	0	0	6,100	0	0	0	6,100	0	
確認	20160806	5391	A&Aマテ	東証	10,000	18,000	368,000	0	0	0	368,000	-8,000	26
確認	20160806	5393	ニチアス	東証	8,000	0	15,000	4,000	5,000	118,000	-103,000	9,000	16
確認	20160806	5395	コランダム	東証	0	0	8,000	0	0	0	8,000	0	
確認	20160806	5401	日鐵住金	東証	63,600	2,000	169,800	18,400	48,700	345,300	-175,500	91,900	8
確認	20160806	5406	神戸製鋼所	東証	40,000	927,000	10,687,000	597,000	178,000	781,000	9,906,000	-1,306,000	13
確認	20160806	5408	中山製鋼所	東証	2,000	26,000	448,000	9,000	34,000	124,000	324,000	1,000	16
確認	20160806	5410	合同製鐵	東証	42,000	5,000	214,000	37,000	0	214,000	0	0	10
確認	20160806	5411	JFEHD	東証	43,200	24,200	131,800	3,900	146,700	367,400	-235,600	161,800	5
確認	20160806	5413	日新製鋼	東証	3,500	11,600	153,100	1,700	600	204,500	-51,400	-9,200	41
確認	20160806	5423	東京製鐵	東証	1,000	44,000	61,100	72,200	8,000	353,400	-292,300	-107,200	7
確認	20160806	5440	共英製鋼	東証	2,100	0	15,000	12,000	600	56,900	-41,900	-9,300	10
確認	20160806	5444	大和工業	東証	0	0	10,000	3,900	200	42,200	-32,200	-3,700	25
確認	20160806	5445	東京鐵鋼	東証	0	0	22,000	0	0	22,000	0	0	
確認	20160806	5446	北越メタル	東証	0	0	18,000	0	0	0	18,000	0	
確認	20160806	5449	大阪製鐵	東証	0	1,000	2,200	100	0	5,600	-3,400	-1,100	14

出處：取自日本證券金融公司的資料重新製作

內需返還平倉」，周轉期間若為10日則是景氣佳，5日即為景氣過熱。而周轉期間越短，表示該標的湧入大量短期投資者，投機色彩濃厚。

以神戶製鋼所為例，周轉期間為13天，11月15日的股價（989日圓）落在比13日移動平均線（888.7日圓）高出約11％的位置（見下頁圖表2-6）。所謂的13日移動平均線是指，從過去13天有進行買賣的投資人之平均成本，和過去13天進行賣空的投資人之平均來看，其中有多少潛在的損失。因此，如果股價開始高於平均線，打算賣空的投資人因無法

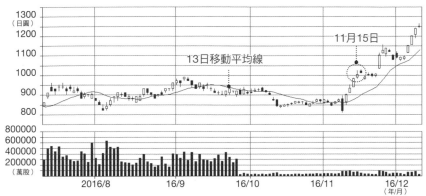

圖表 2-6　加入和周轉期間相同的移動平均線，來觀察數值變化
　　　 ——神戶製鋼所

※2016年10月1日起因為10股合併為1股，9月28日以後的總量變成十分之一。

承受潛在損失，就可能進行平倉回購。換句話說，這可能加速股價攀升。

　　最後是**信用估值損益率**，因為這能顯示信用交易中買進倉位的潛在損益比，日本交易集團會在每周的第三個營業日發布上周末的「信用交易目前金額」，然後日經新聞會依據此資訊計算數字，登載於當日的晚報及隔天早報，其他證券公司或從事金融資訊服務公司的業者也會公布數字（提醒，證券公司的數字有時也不一定會和日經新聞的數字相同）。

信用估值損益率，可透過以下公式得出。

信用估值損益率＝估值損益÷買進金額

估值損益＝（〔貸款金額＋自貸金額〕×公司內部股數）÷〔借出股數＋自借股數〕）＋貸款金額＋自貸金額－同金額購買數量

或者，

估值損益＝買進數量金額－（〔貸款金額＋自貸金額〕÷〔借出股數＋自借股數〕×借出股數＋貸款金額＋自貸金額）

如果這個數字趨近0％，就表示投資人的潛在損失為零。當然，股價正處於上升期時，很容易因確定獲利而賣出。順帶一提，信用估值損益率通常會往負值移動，不太常有正數（見下頁圖表2-7）。

到了–10％附近的話，由於潛在損失數值也相對大，不僅會讓保證金的擔保力下降，還可能被要求追加保證金。股價近乎觸底狀態，發生追加保證金繳不出來，只能放棄手中已透過信用交易買進的持股的情事也很常見。

一旦變成–20％，透過信用交易而買進的持股幾乎等於鉅額損失，除了會被追加保證金之外，還可能必須決定是否

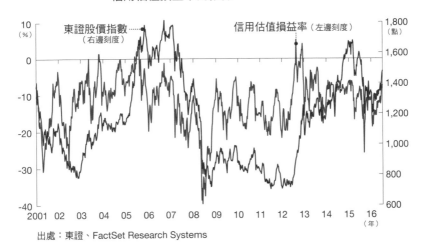

—— 信用估值損益率的推算

10
（%）

東證股價指數⋯⋯⋯
（右邊刻度）

信用估值損益率（左邊刻度）

1,800
（點）

0

1,600

-10

1,400

1,200

-20

1,000

-30

800

-40
2001 02 03 04 05 06 07 08 09 10 11 12 13 14 15 16
（年）

600

出處：東證、FactSet Research Systems

該認賠出場。

　　到了這個地步，不僅很可能變成過度調整（overshoot）的拋售狀態，也是接近恐慌性拋售（selling climax）的訊號。

高頻交易的影響與股價

　　高頻交易，是想以更快速度下單的投資人，利用設置於交易所主機附近的下單伺服器主機同步進行交易（colocation service）的策略。美國從相當久以前就大量運用此類型的交易，我負責操作的避險基金也使用此策略來交易。美國高頻

交易之交易量約占所有交易量的一半，歐洲則約占40％。日本約從2010年開始增加交易量，據說是因為東京證券交易所啟用了arrowhead這個交易系統伺服器。這個新系統，是為了讓交易下單的速度比過去更快。此外，因歐美對於利用高頻交易來賺錢的業者管理更加嚴格，因此能確保相同流動性的日本證券市場，就成為業者可利用來賺錢的地方。

因為高頻交易持續增加，據說不利用高頻交易的資產管理公司就無法獲利。但我認為，這應該只有以交易策略為主要服務的資產管理公司才會無法獲利。另一方面，對運用基本面（fundamentals）來投資的投資者而言，「明天這家公司的股價會漲還是會跌？」並不是太大的問題。因為之後的三個月、六個月，甚至一年後會變成怎樣，才是問題所在。儘管如此，高頻交易也確實讓人感受到股價的變動方式，和過去不一樣了。

CHAPTER **3**

股價與企業價值
的關係

UNDERSTANDING THE STOCK MARKET

1 撼動股價的幾個因素
透過市場供需平衡決定

▌ 影響供需的主因是什麼？

從實際面來看，股價究竟是因為什麼原因而有所變動？我們大致可從以下四點思考。

- 供需平衡
- 企業價值
- 經濟事件
- 國外因素

首先是供需平衡，簡單來說就是**因為有人想買所以價格上漲，因為有人想賣所以價格下跌**。

所謂「行情」，是指「在市場中交易的商品，於不同時刻中的價格」。「股市行情」「債券市場行情」「匯率行情」「期

貨行情」等，都是因為每天都在市場進行交易，才能成立。

那麼，為什麼行情會成立呢？答案是，因為市場裡有買家和賣家。

以股市行情為例，在「股價接下來好像會跌」這樣的氛圍下，於股市中想賣出持股的投資人會占多數。因持股而獲利的投資人為了盡可能不讓利潤縮減；已經虧損的投資人為不再賠更多，都會紛紛打算賣出手中持股。結果，因為賣出股數高於買進股數，股價就會一路往下滑。

如同股價不會一味地往上漲，只要不被宣告下市，股價也不會毫無止境地下跌。

只要股價還在往下跌，一定會在某個時候出現認為「這家公司的股價，與業績相比算是被低估」的人，然後買家就會慢慢回來了。當買家繼續增加，就會讓賣出股數和買進股數達到平衡，股價也就會停止下跌；當買進股數多於賣出股數，在「股價好像被高估」的市場氛圍出現之前，股價將會持續攀升。

如果要再繼續深入研究供需對行情之影響，不應只看公司業績表現相對股價的高估、低估，還要留意「看好會漲所以買進」這種因市場氛圍而出現的價格變化，我將會在第五章說明。

▌ 別輕易相信小道消息

　　如同前述，股價是受供需影響決定的，但再更深入思考的話，會發現還有其他影響供需的因素。

　　其中被認為帶給供需最大影響的，就是前面第二點提到的「企業價值」。

　　為了在股市獲利，必須留意是否把資金投資在股價與企業價值有落差的公司很重要。

　　雖然那些被稱為當沖客的人未必都在確實算出企業價值後才決定投資，但緊跟熱門題材和股價劇烈波動而進行的短期交易非常常見，不過這其實不能稱為投資，頂多只能說是一種賭博。最近，以散戶投資人為主訴求對象的投資情報網站和社群媒體持續增加，許多人都會在這些網站中「推薦」投資標的。能夠對推薦標的收費的，只限以金融投資諮詢等行業為業，並於金融主管機關登記執業的金融機構。但其實許多非在金融管理機關登記執業的業者也會發表一些無償的推薦，換句話說，其實任何人都能向不特定多數的對象，發布針對特定企業的消息或看法，然後藉此炒高自身所持有的股票之股價。而且我們也觀察到這種危險行為的機率大幅增加。因為不知道這些人何時會拋售持股，所以縱使他們煽動不特定多數投資人買進，也不能阻止他們同步賣股，因此我認為，來自社群網站的資訊絕對不能輕信。

此外，在接收金融專家的建議時，一定要確認該公司之名稱是否出現在金融主管機關公告的「已登記執照、許可證、執業登記業者一覽」名單上。若發現公司名稱不在該名單上，代表該公司是無執照、無許可證、無執業登記的業者，請不要與其簽訂任何合約。

▌為供需平衡帶來極大影響的「企業價值」

　　最好的方法，還是應該自己分析、計算出企業價值，再做投資。

　　企業價值能透過各種方式計算出來，如以歷史評估（過去的評估水準）、以同業的評估為基準來計算企業價值，或是以「分類加總估值法」（sum of the parts valuation，將公司同時經營的不同業務分別選擇合適的估值方法估值，再根據持股比例加權彙總得出該公司總價值）計算企業價值，還有現金流折現法（discounted cash flow，DCF）等以公司現金流來預估的方法。我認為隨企業或行業不同，使用不同企業價值計算方法並無不可，但通常資產管理公司會對所有公司以相同方法來計算企業價值。

　　投資者在判斷是否投資時，很容易會去尋找想買進的「好企業，業績好的公司」，或者想賣出（想做空）「不好的企業，業績不好的公司」，但就算是好企業，如果企業價值

已經很好，股價再上漲的可能性就不是太高。相反地，假如被認定是不好的企業，但若股價大幅低於企業價值的話，股價也可能不會再往下降。

我們應該尋找的投資對象，不是鎖定在好企業或壞企業，而是應鎖定在「會漲的股票」「會跌的股票」。至於能更快找到的方法，就是計算企業價值，將之與目前股價相較，看看是高是低後再做判斷。

下面簡單介紹運用現金流折現法來計算企業價值的方式。現金流折現法的定義是：**企業價值，即是該企業在將來能產生的現金流的現值。**

現金流指的是資金的流動。企業展望將來，會展開各種投資活動。雖說是投資活動，但非指證券或外幣的當日沖銷交易。這裡說的投資活動，是將資金投入在生產設備或人才教育等，企業為了在將來獲得比現在更大收益所進行的投資活動。

由於企業的投資活動，使我們可將未來該企業預期所得的收益，調整成現值，於是我們就能得出一個企業價值。

我想現在應該有人對「現值」這個詞感到疑惑，以下簡單說明。

舉例來說，「現在收到的100萬」和「三年後收到的100萬」，兩者價值是不同的，我想這應該不是太難了解。在這個例子中，現在收到的100萬會比三年後收到的100萬更有

價值。這是以錢會生錢為前提，現在收到100萬，拿來投資或儲蓄都會獲得收益，如此一來就會比三年後收到100萬的價值更高，換句話說，就是早三年收到這筆錢的話，就能增加其價值。但我們還是無法明確得知到底有多少增值的空間，從客觀角度看，三年間確實利潤有增加空間。

因此，如果要將三年後收到的100萬換算成現值，就必須在這筆100萬中扣掉一定比率。假設年利率為1％，我們可得出以下算式。

現值＝100萬÷（1＋0.01）×3≒97萬590

也就是說三年後的100萬，相當於現在的97萬590，這個思考方式就是現金流折現法。

雖然話題有點拉遠了，但套用這個算式將企業將來會產生的現金流換算成現值，就是透過現金流折現法計算出企業價值。

股市行情中的股價，就是融入企業價值所形成。也可以說將來所能產生的現金流數字越大，企業價值就越高，股價自然也會跟著上漲。

▌ 非源於企業的因素也會大幅影響股價

前述第三點的經濟事件，也會對股市整體供需帶來極大影響。經濟事件說起來非常籠統，簡單來說就是景氣、利率、匯率等，這些經濟事件對股市都會造成影響。這部分將於第四章詳細說明，舉例來說就是景氣轉好後，一般商品或服務的銷售也會變得活躍，因此企業的業績也能提升。一旦企業業績變好，不僅企業價值上升，回饋給投資者的錢也可能增加，因此投入股市的參與者會更多，股價也會持續攀升。

最近許多日本企業的獲利不僅來自國內，海外也貢獻不少。因此日本企業的營運不僅受日本國內景氣影響，也受海外市場狀況而有所變動。由於這個因素，第四點的國外因素也成為影響日本股市原因之一。像因為美國人由於對景氣抱持不安，導致美國股市一開盤後股價開始急速下滑，隔日營業的日本股市也會於一開市就湧入大量賣出訂單。

如上所述，這些因素對股市影響程度雖然不同，但股價可說反映了「世間森羅萬象」而隨之變動。接下來我將藉由本章的討論，帶各位深入思考對投資人的投資行動來說，具有最大影響力的企業價值。

2 利潤與股價
「利潤」具有各種樣貌

▍ 基本上股價與企業利潤連動

雖然都叫「利潤」，但損益表上關於利潤的記載項目有五種，包括「毛利」（gross profit）、「營業利益」（operating income）、「經常利潤」（ordinary profit）、「稅前純益」（income before tax）、「淨利」（net income），以下簡單說明各種利潤的定義。

1　毛利

損益表最上面記載的欄位是「營業額」，將營業額扣掉「銷售成本」（cost of sales）後得到的數字就是「毛利」。銷售成本會因為不同行業而計算不同的物件，以製造業為例就包含製造產品時需要的材料費、人員費用、生產機器和工廠營運所需經費，還有部分的研究開發費用。零售業則會把進

貨費用算入成本，金融業會將金融費用算在毛利之外。

2　營業利益

　　將毛利扣除「銷售成本和研發及管理費用」後得到的數字就是「營業利益」，請將營業利益視為本業所賺取的利潤。換句話說，製造商的本業是製造產品後銷售，零售業則是進貨後販賣。

　　銷售成本是指銷售佣金或廣告費用，研發及管理費用則是為了營運及管理企業所需之經費。將這些費用從毛利扣除後得到的金額即為營業利益，也就是經營本業所得的利潤。

3　經常利潤

　　營業利益加上「非營業收入」（non-operating revenue）後，再扣除「非營業支出」（non-operating expenses）所得到的數字就是「經常利潤」。非營業收入及非營業支出指的是，從公司本業以外的部分所產生的收益及費用，具體來說像是從事金融投資活動得到的收益或支出的費用。

　　像是投資其他企業後得到的股利（dividend），或是子公司發配的股利收益（dividend income），還有出借資金給集團公司後得到的利息都是「非營業收入」。相反地，支付投資人投資公司的企業股利或因借錢所產生的利息則是「非營業支出」。除此之外，匯兌損益（exchange gain and loss）也

包含在非營業損益中。海外營業額高的公司因為在該金額的變動較大，必須小心，而計算完這部分後剩下的金額，就是經常利潤。

日本企業常被視為是「經常利潤主義」掛帥，許多公司都很在意此利潤項目。報紙等媒體上看到的獲利成長、獲利減少等用詞，也幾乎都是指經常利潤。

4　稅前純益

將經常利潤加上「非經常性獲利」（extraordinary gain），再減去「非經常性損失」（extraordinary loss）得到的數字就是「稅前純益」。

非經常性獲利是指如賣出持有的不動產後所得之利潤，也就是非因常態業務而產生之利潤。反過來說，因資產處置而產生的損失或因災害產生的損失，或裁員而產生的支出等就會被記入非經常性損失。

5　淨利

稅前純益扣除企業稅（corporate tax）、所得稅（resident tax）和營業稅（business tax）等各種稅金後，調整後所得的數字就是「淨利」。也稱為純利、稅後利潤、最終利潤等，重點在於這個數字是企業真正意義上的利潤。

現在我們已經知道，損益表上有這五種利潤項目，而我

在預測股價時會特別注意的是**營業利益**和**淨利**。

如前所述，營業利益是本業的經營所得，如果此數字不佳，通常就會認定這家公司的經營「有點危險」。營業額和營業利益之間的關係，也是必須檢視的重點，例如「營業額成長率和營業利益成長率兩者間是否有連動關係？」「營業利益率如何變化？」釐清這些數字的變動也很重要。

然後是淨利。最後留下的這個利潤數字，是支付股東股利的根基。從這層意義上來看，投資股票時最該注意的便是這點。透過下頁圖表3-1的M3股份公司和第102頁圖表3-7宜得利家居的例子可知，**股價會跟淨利連動**，也是最後能成為保留盈餘（Retained earnings）的利潤，是股東投入的資金能否回收的指標。

圖表3-1將股價和業績放在相同時間軸來看，圖表上3月底時因尚未發表業績數字，可知股價含有對將來業績之預測，也就是說股價通常會表現出市場對企業未來展望的想法。

序章中曾提到確實掌握觸發股價變動因素的重要性，而為什麼淨利會成為影響股價之關鍵，答案就是最後會連接到利潤。換句話說，淨利是公司最後能繳出多少利潤數字的指標，也因此成為造成股價變動的其中一個因素。

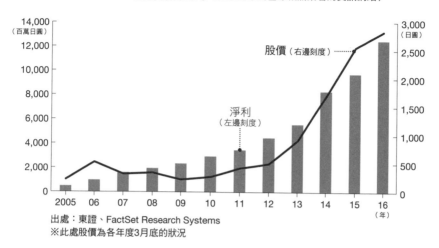

圖 表 3-1　股價基本上與淨利連動
　　　　——M3 股份有限公司（訴求對象為醫療相關業者的資訊網站）

出處：東證、FactSet Research Systems
※此處股價為各年度3月底的狀況

▍也有利潤沒變多，但股價卻上升的例子

　　如果想讓投資的公司之股價上漲，基本上得要該公司的利潤確實提高，不過有時也會發生例外——偶爾會有無獲利的赤字公司，股價卻上漲的狀況。

　　一般說來，赤字公司股價會比該公司在賺錢的時候還低。因此，目前處於赤字狀態的公司，如果投資者認為其未來將有很高的獲利潛力，就會趁股價便宜時先購買股票。

　　看看軟銀集團（SoftBank）的例子，在過去幾乎沒有獲利的時期，股價也大幅上漲。後來雖然股價跌下來了，但在

赤字的情況下，股價卻也於探底後轉升（圖表3-2）。

當然，認為「這間赤字公司將來轉為獲利的可能性很低」的投資人，不僅不會購買該公司的股票，還可能賣出。或者，雖然知道未來可能轉虧為盈，但因為不是長期投資所以無法繼續持有股票的投資人，以及認為如果要買還得再考慮一下的投資人都有可能賣出。第六章將解說「投資人」具體來說是指什麼樣的對象，不過股市原本就存在著各種投資風格和立場的投資人，彼此懷著不同的想法而參與交易。有這些立場和想法的交錯，才有後續的買賣行為發生，股價也因此成形。所以，就算是出現赤字的企業也會有人購入股票。

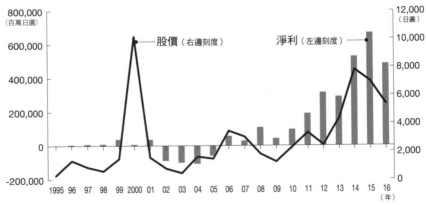

圖表 3-2　就算赤字也可能股價翻漲
——軟銀集團（旗下有通訊事業等）

出處：東證、FactSet Research Systems
※此處股價為各年度3月底的狀況

然而，海外營業額比例高的公司，會受到匯率變動的影響。前面有寫到非營業損益會受到匯率影響，就算海外當地貨幣的營業額與前年同月相比是有所成長的，但如果日幣升值，也可能讓以日幣為計算基準的公司營業額，與前年同月相比反而呈現下滑。此外，在海外開展事業的公司，因為是把海外貨幣在年度結束時換算成日圓進行決算，就算本期海外貨幣數字和前期金額相同，受到匯率換算影響，也會比前年略有增減。日本企業在海外營業額的比例較高，從匯率的角度來看，日幣貶值的話會較有優勢。像豐田汽車（TOYOTA）這類海外營業額高的公司，股價雖會和淨利連動（下頁圖表3-3），也會和美元兌日幣的匯率連動（下頁圖表3-4）。還有，同樣是海外營業額占比高的索尼公司（SONY），股價雖也和淨利連動（第101頁圖表3-5），但也會和美元兌日幣的匯率連動（第101頁圖表3-6）。

　　此外，查看公司業績時，還要確認該公司的營業額和利潤成長率。

　　如第102頁圖表3-7的宜得利家居，營業額二十年來均比前年成長，儘管利潤曾一度減少，但這種每年成長的公司，股價沒有大幅波動、持續穩定上升才是常態（第102頁，圖表3-8）。

　　相反地，像索尼公司這種業績波動大的公司，股價就會像和業績連動一樣地反覆出現波動（第101頁，圖表3-5），

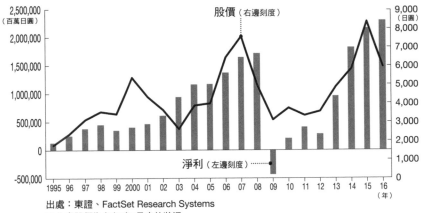

圖 表 3-3　股價會與淨利連動
　　　　　　——豐田汽車（汽車）

股價（右邊刻度）

淨利（左邊刻度）

出處：東證、FactSet Research Systems
※此處股價為各年度3月底的狀況

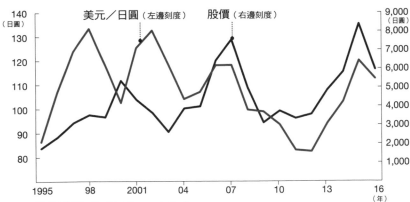

圖 表 3-4　股價也會和美元兌日幣的匯率連動
　　　　　　——豐田汽車（汽車）

美元／日圓（左邊刻度）　　股價（右邊刻度）

出處：東證、FactSet Research Systems
※此處股價為各年度3月底的狀況

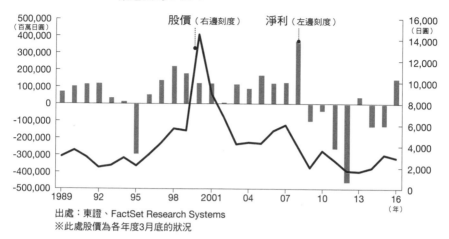

圖 表 3-5　股價會與淨利連動
——索尼公司（電子）

股價（右邊刻度）　淨利（左邊刻度）

出處：東證、FactSet Research Systems
※此處股價為各年度3月底的狀況

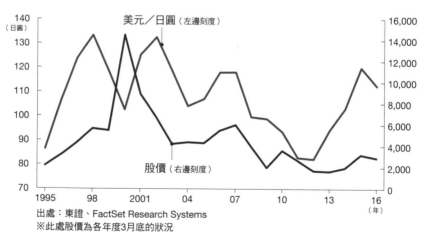

圖 表 3-6　股價也會和美元兌日幣的匯率連動
——索尼公司（電子）

美元／日圓（左邊刻度）

股價（右邊刻度）

出處：東證、FactSet Research Systems
※此處股價為各年度3月底的狀況

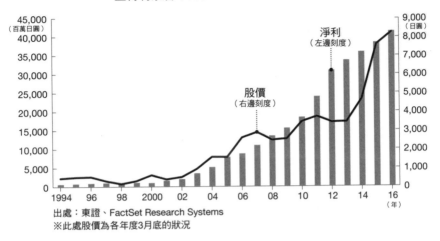

圖表 3-7　股價和淨利都漂亮地成長
　　　——宜得利家居（家具、生活用品製造）

淨利
（左邊刻度）

股價
（右邊刻度）

出處：東證、FactSet Research Systems
※此處股價為各年度3月底的狀況

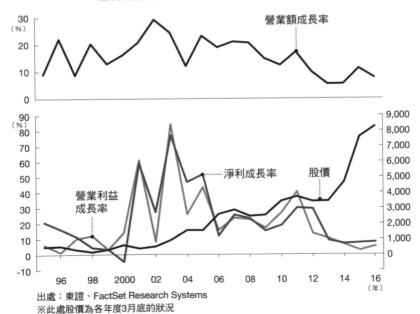

圖表 3-8　幾乎沒有負成長，每年營業額和利潤都有成長
　　　——宜得利家居（家具、生活用品製造）

營業額成長率

淨利成長率

股價

營業利益
成長率

出處：東證、FactSet Research Systems
※此處股價為各年度3月底的狀況

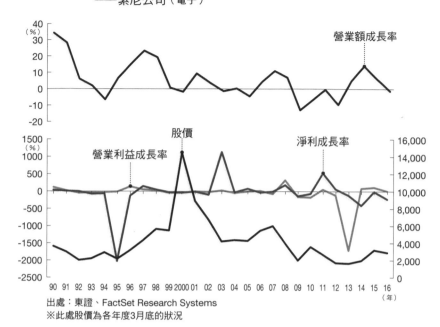

圖 表 3-9　業績的成長與下滑不規則，難以預測
　　　——索尼公司（電子）

出處：東證、FactSet Research Systems
※此處股價為各年度3月底的狀況

因此要預測其股價也就變得相對困難（圖表3-9）。

　　如以長期投資為前提來選擇標的的話，與其選擇利潤成長率上上下下的公司，不如選擇每年都能確實成長的公司來投資。

3 資本與股價
資本雄厚的話
就能度過業績慘澹期

▎資本能展現企業的實力

就算業績低迷，資本如果夠雄厚，就能繼續經營好幾年。

不過，資本具體來說指的是什麼呢？想要具體掌握這點，最好看看「財務狀況表」，也就是「資產負債表」（balance sheet，BS）。

上市公司每季發布的財務報表和決算資料，都會記錄在該公司的「資產負債表」上。決算資料是財務報表的簡易版，會比財務報表更早發布給投資者。例如3月做年度結算的公司，年度決算資料大概會在5月提出，財務報表則是在6月中到7月左右才會公布。順帶一提，財務報表就像健康檢查

報告，投資前，一定要看過該公司發布的財務報表。[1]

接下來說明資產負債表要怎麼看。

資產負債表大概可分為三個項目，「資產」「負債」和「純資產」。左側叫作「借方」，屬於資產；右側稱為「貸方」，由負債和純資產所構成。

舉例來說，個人創業時，首先要將過去累積的儲蓄金作為公司的股本。這就是「純資產」，然後運用這筆資金整頓創業必要的設備，這些設備和現金就成為「資產」，而事業就是運用這些資產來產生利潤的東西。

接著，整頓設備時，如果本身股本不足就會向銀行貸款，這裡借來的錢就是「負債」。

這個例子雖是以個人創業為發想，但就算公司規模變大，資產負債表的基本結構也不會改變。企業運用自有資金和負債購買資產，然後活用資產來開展事業賺取營業額。之後，從營業額中扣除各種經費，剩下的錢就是利潤，而其中一部分會成為純資產中的「股東權益」。如果股東權益越高，公司的財務健全性也會越高。如同前面所寫，就算業績持續低迷，也不容易倒閉。

那麼，我們再更詳細檢視資本還包含什麼。

---

1 台灣證券交易所規定，台股各家上市公司每個月、季、年都要公布財報。而年度財務報告則必須在每會計年度終了後三個月內（3/31前）提出。

純資產的大項目中分為「股東權益」「累計其他綜合收益」（accumulated other comprehensive income）和「優先購買權」（preemptive right），其中占純資產最大部分的就是**股東權益**，股東權益是由「股本」「資本公積」（capital reserves）和「營業公積」（earned surplus）所構成。股本是公司發行股票後，賣給某人所獲得的錢，而購買股票的人就成為股東，所以股本也可說是股東所投資的錢，而盈餘（公積）則是企業經營所累積的錢，這些合計起來就成為股東權益。

　　前一章已經提過，透過發行股票所獲得的金錢，因為無須返還股東，在資產負債表上不會記錄為負債，而是成為自己的資本，因此企業可自由使用的現金增加了。然後企業利用股本來經營事業，賺取營業額，再從中扣除各種經費、稅金，得到的利潤會計入盈餘，成為保留盈餘。順帶一提，要對股東支付股利時，會拿出部分的營業公積。

　　因此如果公司長期處於赤字，營業公積也會變成負數，使保留盈餘快速減少，連帶使股東權益也會跟著減少。如果自有資本減少到變成負的，也就是進入無力償付（Insolvency）狀態，就必須要有新資金挹注。所謂資本能展現公司的實力，意思就是就算公司業績惡化、處於長期赤字狀態，若是股東權益豐厚，就能度過危機。

也有市值低於股東權益的例子

我們會說「股東權益就是公司的『清算價值』（break-up value）」。因為總資產（資產負債表的借方）減去負債（資產負債表的貸方）剩下的大半，都會是股東權益。簡單來說，公司面臨解散時，以總資產返還負債後剩下的金額歸於股東，所以股東權益才會被視為等同於公司的「清算價值」。

不過，公司市值並不等於股東權益。公司市值是「股價乘以公司發行的股數」，是經由股市來評價的企業價值。

如果冷靜思考一下的話，市值低於股東權益是很奇怪的一件事，但實際上當股價低迷時，市值低於股東權益的現象卻屢屢發生。如果市值低於股東權益的話，那股價肯定被低估了。不過通常投資股票時，就算發現某公司的市值低於股東權益，也要考慮到將來公司的業績可能惡化甚至陷入赤字，導致股東權益有減少的風險，所以必須思考目前的股價是否合理。

在交易所進行買賣的股價，並非推算當下該公司的企業價值之後而呈現出來的數字。從結果來看，股價是透過投資者的供需平衡而決定的，所以必須思考投資人在某公司的價格落在多少時才會想買？又在價格多少錢會想賣？至於股東權益，也只是投資時的其中一項判斷指標。

4 從投資角度看資產負債表和現金流量表

並非現金充裕，股價就會上漲

▍看現金的增減

資產負債表上另一個應該檢查的重點是，資產中「現金和活期存款」（currency and demand deposits）和「有價證券」的合計總額，扣掉計息債務（interest bearing liability）後的數字是正數或負數。有傾向正數的行業，也有傾向負數的行業，所以無須絕對追求正數。

順帶一提，資產負債表上沒有「計息債務」這個項目，所以必須從負債中挑出對應的條目。具體來說，「短期債務」（short-term debts）、「預計一年內償還的長期債務」「商業票據」（commercial paper）、「預計一年內償還的公司債」「公司

債」（corporate bond）、「長期債務」（long-term debts）等總計所得金額就是計息債務。現金總額減去計息債務後，若得到的金額是正數就是「淨現金」（net cash），得到的是負數的話就是「淨債務」（net debt）。

如果是淨現金，計算其相對於市值的占比後，比例越高的話則公司的股價可認為是被低估了。

舉例來說，安倍經濟學推動前的 2012 年日本股市，不僅這種標的的比例高，現金總額比市值高的公司更是所在多有。因為市場整體陷入悲觀狀態，股價無法反映公司實際狀況而難以大量流通。這種現金總額超過市值的公司，用「錢從天上掉下來」形容也不為過。理論上來看，光是買下這間公司後再宣布解散，就能馬上得手比購買時的成本還多的現金。

儘管如此，先撇除現金總額超過市值這種極端狀態，就算是淨現金比例高的公司，實際上也不是所有公司的股票都會升值。縱使現金充沛、資產負債表也很健全的公司，一旦利潤沒有增長，如果要讓事業存續就必須使用現金，若是不將現金使用在能讓利潤成長的投資上，也沒有出現推升股價上升的因素——像是增加給股東的股利或是購買自家股票，股價將很難再上漲。

我是一名基金經理，在打算投資某家公司時，總會親自去拜訪，我想親耳聽聽公司財務主管和經營者對公司未來的

規畫。如果碰到的是持有大量現金的公司，我通常會詢問「這些現金今後要如何有效利用？」「有提高股東權益報酬率的想法嗎？」「有考慮藉由併購來擴張事業規模嗎？」等問題。因為我認為現金不該只是握在手上，必須活用在能讓利潤成長的事業策略上，這才是最重要的。

相對於此，如果是現金不足的公司，基本上就無法稱之為狀況良好。像被鴻海收購的夏普（SHARP），身負鉅額負債，加上現金不足，要再進行能讓利潤成長的投資根本是不可能的；假如情況演變成周轉資金（working capital）不足，那麼事業可說是面臨存亡之秋。

我翻看公司的破產資訊後發現，明明還有營業額和利潤的公司卻步入破產境地的狀況，意外地還不少。這些公司破產的原因大多是現金不足，就算營業額增加，卻因為龐大的應收帳款（Accounts receivable）難以回收，周轉資金又運作不順利，因此走上破產之路。

企業到底需要多少現金？我想計算必要的周轉資金後就能知道。當然，我們都希望必要的周轉資金越少越好，但因為必要的周轉資金隨行業和公司不同而有所差異，分析時不只要確認周轉資金的金額，還要檢視周轉資金和約當現金（cash equivalents）[2]之間的關係。

2　指短期且具高度流動性之短期投資，因變現容易且交易成本低，因此可視為現

若想更精確地計算，就必須掌握該公司的金錢流向，將公開的數字套入以下公式，即能算出大致的周轉資金。

應收帳款＋存貨（商品及產品、在製品、原料及材料）－應付帳款

資產負債表上的約當現金如果比周轉資金少，經營時就可能會面臨遇資金短缺的情況，可以預想該公司將必須透過借貸等形式來補充現金。

█ 自由現金流的求法

與資產負債表、損益表（PL）同樣重要的財務報表，還有現金流量表（CF）。

現金流量表會記錄公司某段期間的金錢流向，上面有「**經營現金流**」「**投資現金流**」「**融資現金流**」三個分項，對於確認經營活動、投資活動、融資活動的結果，以及手邊是否還有現金等資訊都很有用。

金。通常投資日起三個月到期或清償之國庫券、商業本票、貨幣市場基金、可轉讓定期存單、商業本票及銀行承兌匯票等，皆可列為約當現金。

經營現金流是指，**公司經營事業後之所得與支出的差額**。收入高於支出的話就表示有穩定的現金收入，可視為事業經營順利；但支出高於收入的話就表示沒有現金收入，甚至現金正在減少，可視為事業經營陷入苦戰。不過我們也不可單靠數字就判斷好壞，這樣會容易出錯。舉例來說，經營現金流中的應收帳款和存貨增加都會變成支出，因此會被視為經營現金流出現惡化。但是因為營業額也增加了，只要能確實改善應收帳款回收期間和存貨周轉率，也無法說這樣的公司就是經營不善。因此，在分析時必須從各角度做討論。

　　投資現金流，**能夠呈現隨著投資活動所產生的現金問題**。賣出生產設備或有價證券的話表示將有現金流入，購買則有現金流出。一家健全的公司為了持續成長會不斷進行投資，因此這個項目常會是負的。

　　融資現金流，表示的是**公司財務面的資金樣貌**，當公司支付股利、回購自家股票或償還債務的話，該數字就會呈現負數；而貸款或發行公司債來調度資金時，該數字就會呈現正數。

　　這三個現金流中，把經營現金流和投資現金流合計之後稱為「自由現金流」（free cash flow），是公司經營事業同時所產生的錢。自由現金流數目越大，就表示手頭的現金豐沛，可視為經營狀況良好。此外，下面算式所計算出來的「自由現金流收益率」（Free Cash Flow Yield），也很重要。

自由現金流收益率＝市值÷自由現金流

該指標通常被海外投資者視為比現金殖利率（dividend yield）更重要的投資判斷依據。因為這是在評估是否併購時，能表示要花多少年才能回收投入的資金成本的數字。

▋ 觀察數字的「變化」

其他還有以下藉由擷取資產負債表和損益表的數字後，重新計算以幫助來斷經營狀況好壞的數字。

1　權益比率

權益比率（equity ratio）是自有資產占總資產的比率，該數字越大的話表示負債少；數字小的話表示負債多。儘管有行業別的不同，但還是希望達到40％以上。

2　負債權益比率

負債權益比率（debt-equity ratio）係指相對於自有資產，顯示負債倍數的數字；數字為1倍以下則可判斷為是一家體質良好的公司。

3 短期借款和長期借款的平衡

短期借款比長期借款金額還大的公司，通常被認為銀行對其信用評等低。因為銀行若要放款給信用評等低的對象，會希望盡可能快點回收資金，不太會允諾長期的融資。從公司角度來說，利息低的長期借款，會比短期借款更有利。

舉例來說，請見圖表3-10，我們來看看夏普的例子。

2000年3月的業績並沒有特別的問題，但從2005年3月到2009年3月出現約當現金不足以支付周轉資金，有息負債增加情況，可看出權益比率下降。

圖 表 3-10 從借款金額就能看出經營困境
—— 夏普的經營指標變化（單位：百萬日圓）

	2000年3月	2005年3月	2009年3月	2010年3月
營業額	1,854,774	2,539,859	2,847,227	2,755,948
約當現金	418,227	392,121	336,937	348,414
應收帳款·應收票據	327,673	451,091	345,703	439,877
存貨	266,013	325,723	399,985	411,263
應付帳款·應付票據	299,204	519,691	446,866	554,368
有息負債	476,725	437,457	806,480	794,453
短期借款	235,432	307,492	398,405	294,339
占有息負債額（%）	49.4%	70.3%	49.4%	37.0%
長期借款	241,293	129,965	408,075	500,114
占有息負債額（%）	50.6%	29.7%	50.6%	63.0%
資本淨值	958,671	1,004,326	1,048,447	1,065,860
總資產	1,987,444	2,385,026	2,688,721	2,836,255
權益比率	48.2%	42.1%	39.0%	37.6%
負債權益比率	0.50	0.44	0.77	0.75
淨債務	58,498	45,336	469,543	446,039
周轉資金	294,482	257,123	298,822	296,772
占約當現金（%）	70.4%	65.6%	88.7%	85.2%
應收帳款周轉率	2.12	2.13	1.46	1.92
存貨周轉率	1.72	1.54	1.69	1.79
應付帳款周轉率	1.94	2.46	1.88	2.41

出處：公司公告數字

2011年3月至2012年3月，有息負債中的短期借款和長期借款組成比例逆轉，短期借款金額增加。這情況可認定為銀行不願長期借款給夏普，負債權益比率也超出所謂安全的1倍，在2015年3月來到21.42倍，權益比率也來到2.3％，可說是相當危急的狀態。

4　存貨周轉月數

可用「12×（存貨÷年營業額）」求得，這樣就可知存貨需要幾個月才能變成營業額。舉例來說，年營業額為100億

2011年3月	2012年3月	2013年3月	2014年3月	2015年3月	2016年3月
3,021,973	2,455,850	2,478,586	2,927,186	2,786,256	2,461,589
247,888	195,325	191,941	379,596	258,493	275,399
392,780	375,411	424,223	432,744	414,014	287,271
486,060	527,483	310,709	295,126	338,300	181,313
531,638	334,095	293,047	292,518	334,545	212,556
820,961	1,094,467	1,143,382	1,071,376	953,496	712,844
278,509	585,451	910,295	781,897	840,026	632,593
33.9%	53.5%	79.6%	73.0%	88.1%	88.7%
542,452	509,016	233,087	289,479	113,470	80,251
66.1%	46.5%	20.4%	27.0%	11.9%	11.3%
1,048,645	645,120	134,837	207,173	44,515	▲ 31,211
2,885,678	2,614,135	2,087,763	2,181,680	1,961,909	1,570,672
36.3%	24.7%	6.5%	9.5%	2.3%	-2.0%
0.78	1.70	8.48	5.17	21.42	▲ 22.84
573,073	899,142	951,441	691,780	695,003	437,445
347,202	568,799	441,885	435,352	417,769	256,028
140.1%	291.2%	230.2%	114.7%	161.6%	93.0%
1.56	1.83	2.05	1.77	1.78	1.40
1.93	2.58	1.50	1.21	1.46	0.88
2.11	1.63	1.42	1.20	1.44	1.04

日圓，存貨為50億日圓，可得出存貨周轉月數為六個月。以時間序列來比較這個數字，若與過去相比周轉月數變長的話，可能表示經營狀況正在惡化。

5　應收帳款周轉月數

以「12×（應收帳款÷年營業額）」，就能知道幾個月後能回收的應收帳款。應收帳款是資產中的一個項目，能越早回收，當然對公司的經營越好。

6　應付帳款周轉月數

以「12×（應付帳款÷年營業額）」，就能知道幾個月後會發生支付。應付帳款是負債中的一個項目，顯示出公司須在多短的期間內支付帳款。如果比應收帳款周轉月數來得短，為了支付帳款就必須累積現金，資金不足的話就需靠貸款來負擔。在經營方面，可說是相當不希望發生的狀況。

查閱存貨周轉月數、應收帳款周轉月數和應付帳款周轉月數時，還要比較各自的期間。如果應收帳款周轉月數及存貨周轉月數，和應付帳款周轉月數的間距短，就無須在意；但假如應收帳款周轉月數或存貨周轉月數長的時候，必要的周轉資金就會增加。

7 固定成本

固定成本（fixed cost）高的公司，一旦營業額沒有成長，就會碰上利潤減少的風險。所謂固定成本，是指人事費用、租金和折舊（depreciation）等，不管營業額增減都要付出的費用；「銷售成本」和「發行成本與總務及管理費用」中都含有固定成本。

8 變動成本

變動成本（variable costs）是指隨營業額增減而影響的費用，物料成本（materials cost）、外包成本（subcontract cost）、運費、銷售佣金等都屬於變動成本。和固定成本一樣，「銷售成本」和「發行成本與總務及管理費用」中也含有變動成本。

9 邊際貢獻和邊際貢獻率

邊際貢獻（contribution margin）高出固定成本的話就是有營業利益的狀態，比固定成本低的話就是呈現營業損失。此外，邊際貢獻等於固定成本的時候，表示營業利益為零，這也稱為「損益平衡點」（break-even-point）。

邊際貢獻率低的話，「保本銷售額」（break even sales volume）也會變低，可說是容易創造利潤的結構。不過假設營業額相同，邊際貢獻率低的公司，其利潤增加率會比邊際

貢獻率高的公司來得低。反過來說，邊際貢獻率高的公司，如果營業額增加，利潤增加率也會大幅提升。

邊際貢獻和邊際貢獻率可透過以下公式求得。

邊際貢獻＝營業額－變動成本＝固定成本＋營業利益
邊際貢獻率＝邊際貢獻÷營業額×100

圖 表 3-11　營業額和固定成本等與損益平衡點的關係

A公司		
營業額	150,000	
利益	33,500	＝營業額－固定成本－變動成本 ＝（營業額－保本銷售額）×邊際貢獻率 ＝（營業額）×（1－〔變動成本÷營業額〕）－固定成本 ＝邊際貢獻－固定成本
固定成本	64,000	＝邊際貢獻－營業利益
變動成本	52,500	＝營業額－固定成本－營業利益
保本銷售額	98,462	＝固定成本÷邊際貢獻率 ＝固定成本÷（1－〔變動成本÷營業額〕）
邊際貢獻	97,500	＝營業額－變動成本 ＝固定成本＋營業利益 ＝營業額×邊際貢獻率
邊際貢獻率	65%	＝邊際貢獻÷營業額×100

10 保本銷售額

這個數字越低，表示越能以少量營業額創造利潤的結構。如果實際營業額無法超過保本銷售額，就無法獲利。假設業績呈現赤字，表示固定成本對營業額來說可能就太高了。更精準地說，不只固定成本，變動成本也可能過高，但因為變動成本會隨營業額增減而產生變化，所以減少不會受營業額影響的固定成本支出，才可能變成能獲利的結構。

上頁圖表3-11呈現上述幾點的相互關係，了解這些關係後，就能對公司的營業額預估和營業利益預估更加精確與完

圖 表 3-12　保本銷售額還能預測向上或向下修正的程度

	A公司	B公司		A公司	與前年相比	B公司	與前年相比
營業額	150,000	150,000		200,000	33%	200,000	33%
利潤	33,500	33,500		66,000	97%	48,500	45%
固定成本	64,000	11,500	➡	64,000		11,500	
變動成本	52,500	105,000		70,000		140,000	
保本銷售額	98,462	38,333		98,462		38,333	
邊際貢獻	97,500	45,000		130,000		60,000	
邊際貢獻率	65%	30%		65%		30%	

整。

另關於邊際貢獻率的計算，我通常會透過公司公告的數字和修正數字（向上修正、向下修正）來計算。

營業額比預期好的時候就進行向上修正，假設原本的營業額為 15 萬，利潤為 35500，向上修正數值各為 20 萬、66000 的話，

$$（66000 - 33500）÷（200000 - 150000）$$

計算後邊際貢獻率為 65％。再加上固定成本與前年無異的前提，因為邊際貢獻率等於（利潤＋固定成本）÷營業額，所以這個例子就會是

$$65％ =（33500 + 固定成本）÷150000$$

得出固定成本為 64000（上頁圖表 3-12）。

保本銷售額可用固定成本÷邊際貢獻率算出，因為（營業額－保本銷售額）×邊際貢獻率＝利潤，如果營業額比計畫值高或低，就能預測該公司的利潤還能往上或往下。當然，邊際貢獻率高的公司，若當期營業額比預期好，則利潤增加幅度也會更大，但未達成目標營業額的時候，其利潤虧損程度也越大。

不過這些數字僅看單一年度是不太有意義的，重點是要持續觀察數年，掌握數字的變化。會有發生數字劇烈變動的狀況，也會有緩慢而持續產生變化的狀態。

　　如前所述，日本股市中有3531家上市公司，想要確認這些公司的所有數字是不可能的。但是，自己列出觀察清單，定期檢視還是可以做到的。至於已經持有的股票，應每季檢視一次。順帶一提，計算邊際貢獻率的數字並非每季都會提供，所以這部分可一年確認一次就好。

5 本益比、
股價淨值比與股價
何謂「低估」,
何謂「高估」?

▌ 用本益比找出低估股

表現股價被高估或低估的指標也稱「估值」(valuation),
這麼說來股價的高估或低估,到底是以什麼為根據來判斷的
呢?

計算估值的指標中,最具代表性的就是**本益比**(PER)
和**股價淨值比**(PBR)。如果想看看市場整體的評價水準,
日本交易所集團的網站上有統計資料,依大型、小型等類別
和行業別公布(下頁圖表3-13)。

但必須注意,計算這些數值時的業績是以實際績效為基
準。投資人通常是預見公司將來的狀態而投資,所以在估值

類別	公司數（家）	平均				加權			
		PER（倍）	PBR（倍）	每股淨利（日圓）	每股淨值（日圓）	PER（倍）	PBR（倍）	歸屬母公司股東的淨利合計（億日圓）	淨值合計（億日圓）
綜合	1,980	18.9	1.1	14.25	235.88	18.0	1.2	305,528	4,499,981
大型股	99	22.7	1.8	30.17	384.60	16.9	1.3	172,684	2,325,315
中型股	400	21.2	1.3	19.27	304.68	20.1	1.2	94,623	1,545,626
小型股	1,476	17.2	1.0	11.84	207.89	18.3	1.1	38,185	628,778
綜合（排除金融業）	1,842	20.0	1.2	13.55	220.17	19.8	1.4	244,782	3,506,845
製造業	897	21.6	1.2	13.85	257.42	19.7	1.4	142,673	1,978,139
非製造業	945	18.3	1.3	13.26	184.82	19.9	1.3	102,108	1,528,706
1 水產・農林業	7	18.9	1.3	10.09	142.84	20.6	1.4	281	3,995
2 礦業	7	31.3	0.5	6.44	422.22	82.6	0.5	227	39,310
3 建設業	99	11.2	1.0	31.23	346.99	13.6	1.4	11,612	113,952
4 食品	77	25.7	1.6	14.71	242.13	24.4	2.1	10,939	126,391
5 纖維製品	39	18.8	0.8	11.86	281.09	17.6	1.1	1,975	31,404
6 紙漿・紙	12	25.5	0.7	8.29	284.72	23.4	0.7	614	20,109
7 化學	139	18.1	1.2	18.12	279.91	20.3	1.4	16,620	233,209
8 醫藥品	39	22.9	1.7	15.09	205.85	26.5	2.0	9,946	130,487
9 石油・燃煤產品	11	-	1.1	-6.12	178.94	-	0.8	-3,954	33,320
10 橡膠製品	11	13.9	1.2	24.30	274.68	12.3	1.3	4,075	37,423
11 玻璃・土石製品	32	19.6	0.8	13.96	332.19	21.3	1.1	2,263	44,168
12 鋼鐵	32	33.7	0.7	6.69	325.25	23.7	0.7	2,707	87,116
13 非鐵金屬	24	43.7	0.9	6.58	303.45	21.9	0.9	1,970	49,468
14 金屬製品	40	17.3	0.8	12.48	262.65	28.5	1.0	1,375	37,528
15 機械	132	17.1	1.1	16.06	240.86	19.1	1.5	13,543	177,458
16 電器	162	27.0	1.4	12.76	243.14	26.2	1.6	23,868	388,426
17 運輸用機器	64	18.0	1.0	14.50	252.91	11.3	1.2	50,524	485,087
18 精密機器	28	20.3	1.5	14.10	193.76	21.8	2.2	3,327	32,920
19 其他產品	55	26.0	1.1	10.80	260.64	35.4	1.6	2,874	63,618
20 電力・瓦斯業	21	12.5	1.0	17.70	215.75	8.8	0.9	9,958	99,733
21 陸運業	41	24.0	1.4	20.20	344.42	25.7	1.6	8,284	135,263
22 海運業	8	-	0.6	-23.71	277.08	-	0.5	-2,080	20,730
23 空運業	3	14.0	1.5	24.17	223.48	9.4	1.4	2,527	16,805
24 倉庫・運輸相關企業	22	17.1	0.8	17.77	367.74	17.2	0.8	704	14,680
25 資訊・通訊業	164	22.5	1.9	8.32	101.04	16.9	1.6	32,305	334,107
26 批發業	163	13.9	0.9	13.12	210.17	29.3	0.9	7,770	251,225
27 零售業	188	25.2	1.8	11.07	156.27	27.3	1.9	11,434	167,336
28 銀行業	84	9.8	0.5	29.13	600.25	10.0	0.6	40,981	726,616
29 證券，商品期貨交易業	23	13.1	0.9	11.60	173.58	13.9	0.9	3,756	56,153
30 保險業	9	14.6	1.1	18.22	252.34	13.2	0.9	9,769	145,406
31 其他金融業	22	11.5	0.9	17.20	218.42	12.5	1.2	6,238	64,959
32 不動產業	60	16.2	1.4	16.13	184.84	19.1	1.5	7,242	92,587
33 服務業	162	23.6	2.0	7.99	95.17	23.4	1.2	11,839	238,976

註1：統計對象中，已製作合併財務報表的公司以合併數值呈現，未製作的公司以單獨數值呈現
註2：「-」為無相對應數值，或PER・PBR為負值；PER1000倍以上的數值以「＊」表示。
註3：本表中使用的歸屬母公司股東的淨利及淨值為2015年9月～2016年8月的確定數值。

出處：東京證券交易所

方面使用的是將來公司業績的預想數值。不過如無法取得這類資訊的話，就會透過實際績效來看看整體業績有多少獲利或虧損，進而加以估算。

如果是個別公司，各位可從公司所公布的業績預測做計算，但最近透過網路就能輕鬆查詢。

本益比的英文是 Price Earning Ratio，也是「股價收益率」的意思。這是判斷公司每一股在扣稅後的利潤是比現在股價高或低的指標，計算公式為：

本益比＝股價 ÷ 每股淨利
　　　＝市值 ÷ 淨利

假設每股淨利是200日圓，股價是4000日圓，那麼本益比就是：

4000 日圓 ÷ 200 日圓＝20 倍

通常**本益比越低，表示目前的股價是偏低的。**

儘管如此，到底本益比幾倍才算是被高估；幾倍才算是被低估？在數值方面並沒有統一基準，通常是透過和同業其他公司的本益比相比，或是與所有上市公司的平均本益比做比較，也可從過去該公司的本益比變動範圍來判斷。順帶一

提，2016年11月，東證一部所有上市公司的平均本益比為16.1倍。[3]

不過，在股市中交易的標的，其本益比是被低估或高估，通常和公司成長潛力的強弱、財務面強弱等方面相關。此外，企業規模小卻被認為有成長空間的新興企業，因為股價的形成理由包含了未來性，縱使本益比達到通常會被認為是高估的數百倍狀態，也會有人購買。

此外，也有一個表現股價和利潤、成長空間的指標：本益成長比（Price Earnings Growth Ratio，PEG）。這個指標是將本益比分割為每一股的利潤成長率，過去雖不曾聽聞使用這個指標來計算企業價值，但實際上低成長的公司多為低本益比，高成長的公司多為高本益比，因此我認為這個思考方式也有相當的效用。

▌ 股價淨值比，為確認跌價風險而使用

接下來是股價淨值比，英文是PBR（Price Book-Value Ratio），是指「股價淨值倍率」的意思。從相對公司的每股淨值，判斷目前股價是被高估或低估的指標，算式如下。

3　根據財報狗網站，以2021年7月的資料為依據的話，台股平均本益比為18.43倍。

$$股價淨值比＝股價÷每股淨值$$
$$＝市值÷淨值$$

像是淨值400億日圓、已發行股票5000萬股的公司，每股淨值為800日圓。如果股價是1500日圓，則股價淨值比就是1.875倍。

從清算價值來看淨值的話，股價淨值比1倍，等於淨值相對股價未被高估也未被低估，可說是中性水準。相反地，超過1倍的話就接近被高估，低於1倍就是被低估了。順帶一提，2016年11月時，東證一部的上市公司平均股價淨值比為1.1倍。所以與整體比較之後，股價淨值比落在1.1倍的，可視為平均水準。[4]

在股票投資書籍中提到本益比和股價淨值比的話，通常被介紹為最一般的指標。但是，若是問我要如何活用本益比和股價淨值比，雖然股價淨值比是為了確認股價的下行風險是否能抑制在最小值，但我卻也不會單以本益比來判斷公司股價被高估或低估。

如同本益比為2倍、3倍那樣，數字特別低的標的當然會被注意，但本益比10倍到底是否被低估？就像前面提到

4　根據財報狗網站，以2021年7月的資料為依據的話，台股平均股價淨值比為2.38倍。

的，只有這個數字還不到能做判斷的程度。因此我在選股時，本益比對我來說只會是參考。

如果是我，**第一個會檢查的就是股價淨值比**。舉例來說，如果是前述提到的股價淨值比水準（1.875倍）加上那樣的便宜價格（1500日圓），假如加上如同前面提到的淨現金比市值還高的話，我就會判斷「該公司的股價幾乎沒有下行風險，是被相當低估的狀態」。**特別是股市整體走低，在下行風險強的時候選擇投資標的的話，重視股價淨值比，會比較容易發掘出好的標的。**

不過在使用股價淨值比時必須注意一點。說明理由之前，請先看看以下公式。

PBR=ROE X PER
股價淨值比＝股本報酬率 × 本益比

這個公式說的是股價淨值比等於「股本報酬率乘以本益比」，股價淨值比低的公司，股本報酬率（參考下一節）或本益比低的可能性也很大。股價淨值比低的話，就可能馬上認為該公司被「低估」，但其實是隨著股東權益而來的企業收益性，也就是股本報酬率也變低了，所以才讓淨值比看起來被低估。

6 股東權益報酬率 與股價
你所投資者的錢， 是否被有效利用？

▌ 近年矚目焦點

股東權益報酬率的英文是 Return On Equity，簡稱 ROE。

ROE = PBR ÷ PER

　　= 淨利 ÷ 股東權益（※使用本期和前期末的平均值）

　　= 每股盈餘（EPS）÷ 每股帳面價值（BPS）

　　=（淨利 ÷ 已發行股數）÷（股東權益 ÷ 已發行股數）

　　= ROA（淨利 ÷ 總資產）× 財務槓桿（總資產 ÷ 股東權益）

※總資產使用當期和前期末的平均值

透過左頁算式求出的數字如果越高，表示該公司「有效活用從股東手中蒐集而得的股東權益，並提高獲利」。

我在選股時，雖然投資的是上漲股，但前提是投資損失機率低的股票，也就是下行風險低的公司。因此，篩選「淨值比低、淨現金比市值高的標的」這個條件的同時，還要加入**股東權益報酬率高的標的**這個條件。

近年來，股東權益報酬率在日本股市又重新受到關注。2014年1月開始成立的「日經400指數」（JPX-Nikkei Index 400），高股東權益報酬率也成為其採用標準。結果就是有更多上市公司注意到股東權益報酬率的重要性。和美國公司相比，日本公司原本股東權益報酬率就偏低，曾被外國投資者強力要求改善。所以在「日經400指數」出現，並將高股東權益報酬率列入此指數的採用基準後，也被認為是回應美國投資人的舉動。順帶一提，美國公司的股東權益報酬率平均為15％左右，而日本公司的股東權益報酬率，以東證一部的上市公司來看，平均還不到8％。[5]

▎股東權益報酬率不是越高越好

不過，如果只看重股東權益報酬率高的話，其實有幾個

5　根據兆豐國際投信公司2018年的報告，台股長期平均股東權益報酬率為12.9％。

能快速達成的方法。

第一，將股東權益中的剩餘資金再撥作分紅或回購自家股票。這樣做若能減少股東權益，則計算股東權益報酬率的分母就會變小，使股東權益報酬率變高。

第二，提高與資產報酬率（Return on asset，ROA）有關的財務槓桿。這是透過增加負債來推動新事業或企業併購，不增加自有資本就提高利潤的策略。相對於表示股東投資報酬率的股東權益報酬率，資產報酬率表現的是投入資本的回收率（兩者都是越高越好）。

若是採用第一個方法，因為算是還利於股東，通常在市場上有正面評價。

第二個方法，雖然提高股東權益報酬率，卻也同時增加負債，所以如何運用這筆負債來擴大事業、提高獲利，就是重點所在。

觀察股東權益報酬率時重要的一點是，與**權益比率**（Equity Ratio）的關係。所謂權益比率，是指不需負擔返還義務的資本，也就是在資產負債表上被歸為純資產的自有資產，也就是就負債與純資產相加的金額來說，自有資產占多少數字，所以理想狀態是找到「權益比率高，股東權益報酬率也高」的公司。

因為行業不同，也會有股東權益報酬率容易偏高的公

司。所謂股東權益報酬率容易偏高，是指不太需要持有資產就能經營的事業。當然，如果這樣就能在利潤方面有大幅成長的話也非常好，但其中也有利潤沒怎麼成長，只因為資本小，看起來股東權益報酬率相當高的例子。

換句話說，看股東權益報酬率時也要看狀況，不可一概而論，認為股東權益報酬率越高越好。檢視各種行業、各家公司的股東權益報酬率時，還必須同時檢查一家公司在數字方面的演進等，這樣才能掌握適切的評估基準。

7 ─ 企業價值倍數與股價
要多少年的利潤才能
回收企業價值？

▌ 收購企業時使用的指標

我想有個名詞，各位投資人應該經常看到：企業價值倍數（EV/EBITDA）。

EV是Enterprise Value的縮寫，直譯是「企業價值」或「收購價值」，可用以下公式計算。

$$EV = 市值 + 有息負債 - 約當現金 = 市值 + 淨債務$$

同樣是指企業價值，EV與本章開頭提到的「未來現金流的現在價值」之概念稍微不同，一般來說這是指進行企業併購時的價格。

EBIT是Earnings Before Interest and Tax的縮寫，直譯

是「稅前息前利潤」（公司未扣除所得稅、利息費用前的盈餘），簡單來說就是指營業利益。EV/EBIT是用稅前息前利潤，來除以企業價值（EV）。

EV是以市值加上有息負債，再減去約當現金而得到的數字。

至於稅前息前利潤，則是因本業經營所產生的所有利潤，換句話說EV/EBIT就是「可用來衡量一家公司盈利收益的財務比率，意思是把企業買下來所需付出成本，相當於它稅前息前利潤的倍數」。因此，這個數字越低，就表示能用更少資金，來賺取更多利潤，也被判斷為有投資價值。

接著是企業價值倍數（EV/EBITDA），前面提到的EV/EBIT再加上DA，會有什麼變化呢？DA是Depreciation and Amortization的縮寫，指的是「折舊」。

這個以企業價值為分母求得的企業價值倍數，表示投資一家公司，希望能夠在多少年收回投資的成本，是進行企業併購時不可或缺的一項指標。倍率越低的公司，表示併購時花費的資金只要短時間就能回收，因此容易被收購，至於企業價值倍數的市場平均倍率，據說是7至8倍。

8 股息殖利率與股價
利息並非越高越好

▌ 股價變動主因為接近除息日

從很久以前開始，債券利息和股票的股息殖利率就會被拿來比較。現在，因債券利息變得超低或者為負，使股息殖利率高的業股票受到關注。負利時代，當定存利率進入每年0.001％的狀況，就算股價有波動風險，帶有3％、5％股息殖利率的標的，其投資關注度便逐漸升高。

但是，只看股息殖利率高就決定進場投資，實在太過草率。因為股息殖利率高的標的，並不一定都是好標的。

股息殖利率，只要以股價除以整年的股利金額，就能簡單計算出來，公式如下。

股息殖利率＝（整年的每股配息金額÷股價）×100

整年的股利金額若為每股100日圓，股價為2000日圓，那麼股息殖利率就是5％。從公式可看出，因為分母是股價，所以當股息殖利率高，就是股價被相對低估的狀態。相反地，當股價上漲而股利金額卻沒增加的話，則股息殖利率就會緩緩下降。

在越接近分配股息的日子，市場中尋找以高股息殖利率的股票為主要投資標的之傾向會相當強烈，而一旦錯判時機就可能無法如預期地入手高股息標的。除息日過後，因為股價可能下跌，投資時必須注意。此外，此時期也會出現主要目的是以賺得短期升值的利潤為目標而購買高股息標的，在股息發放前就賣出股票的狀況。

█ 股息殖利率必須定位成附帶確認的指標

就算股息再高，股價如果大幅下跌，就沒有任何意義。所以，**只以股息殖利率做為選股指標是不行的。**

再者，還必須注意股息殖利率充其量也只是預測，不像銀行存款有確定利息，企業發布正式決算時，雖然也會透過決算報告發布股息數值，但其實在實際支付前都還有變數。也就是說，這樣的變更可能在除息日後才發表。3月提出決算的股票，就算（預測）股息殖利率高，在7月購買時，因只過了第一季，並不能確定是否真能以前年度的實際績效或

業績推算，來預測股息支付。假設本次決算期間經濟情勢出現大規模變動導致公司業績出現惡化，那麼股息也有可能減少。

投資高股息標的時，還必須考慮這樣的高股息是否真能實現。此時能夠參考的，就是公司對股息的態度。像是「這是間股息與業績連動的公司？還是固定支付股息的公司？」我們可透過公司的投資人關係資料來推論。從股東是否為經營高層、過去的股息支付狀況等，透過從各種角度的調查，就能夠提高預測準確度。

不管怎麼說，股息多寡對股價的影響只是附加，把它當「贈品」來看即可。會對股價造成最大影響的，其實還是看業績是否大幅成長，且是否未來具有高成長潛力。這種基本面穩定、股價也持續上升的公司，對投資人來說就是一筆最好的投資，若加上股息，就可稱得上是在「養一檔會賺錢的股票」。

附帶一提，除股息之外，在散戶投資人之間也有相當人氣的是股東福利。舉例來說，餐飲集團等公司，會提供自家旗下餐廳的折價券作為股東福利。

股價與經濟大環境的關係

UNDERSTANDING THE STOCK MARKET

1

景氣與股價
企業的業績會受
景氣大幅影響

▌「景氣好，則股價均升」的事實

有句話說：「與其在不景氣的市場買最貴的股票，不如在景氣好的市場買最便宜的股票。」

我在前章提到，最後股價是與公司業績連動，但是公司業績會受景氣大幅影響。當然，也有公司會在不景氣時持續繳出好業績，不過與其找出這樣的公司來投資，不如在景氣好時的市場投資，更能提升找到上漲股的準確率。

多數公司的業績，都會強烈受到景氣影響。因此就大方向來說，會變成「景氣惡化→業績低迷→股價下跌」，或者「景氣好轉→業績改善→股價上漲」。

2012年12月，日本政府政權從民主黨轉移至自民黨後，因為安倍內閣推出的經濟政策「安倍經濟學」，而使景氣有

所回復。把GDP（國內生產毛額）與前年同期相比，可看到如圖表4-1的變化。

單看GDP的實質成長率，可以得知日本國內景氣自安倍政權上台的2012年12月前，就已經觸底且走在反彈的路上。順帶一提，2012年1至3月和4至6月兩個期間，因為前一年同期受到311大地震的影響，是日本全國都很低迷的時期，因此隔年的經濟成長率和前年同期相比自然會呈現成長，但隨著景氣回復的跡象逐漸增強，2013年以後的實質GDP確實轉為正數。隨後，股價也走向上升趨勢。

圖 表 4-1　實質GDP（季節調整）的前年同期比、前期比之變化

		前年同期比	前期比
2011年	1—3月期	0.1%	▲2.0%
	4—6月期	▲1.6%	▲0.6%
	7—9月期	▲0.5%	2.7%
	10—12月期	0.3%	0.3%
2012年	1—3月期	3.3%	0.9%
	4—6月期	3.5%	▲0.4%
	7—9月期	0.3%	▲0.5%
	10—12月期	0.0%	0.0%
2013年	1—3月期	0.1%	1.0%
	4—6月期	1.2%	0.7%
	7—9月期	2.1%	0.4%
	10—12月期	2.1%	▲0.1%
2014年	1—3月期	2.4%	1.3%
	4—6月期	▲0.4%	▲2.0%
	7—9月期	▲1.5%	▲0.7%
	10—12月期	▲0.9%	0.6%
2015年	1—3月期	▲0.9%	1.2%
	4—6月期	0.8%	▲0.3%
	7—9月期	1.9%	0.4%
	10—12月期	0.9%	▲0.4%
2016年	1—3月期	0.2%	0.5%
	4—6月期	0.7%	0.2%
	7—9月期	0.8%	0.5%

※2016年底因基準改訂，會有數字上的出入。

在一整年實質GDP成長率都穩定成長的2012年、2013年，日經平均股價指數的表現也是大幅成長。但到了2014年以後，情勢卻變得有些奇怪。檢視日經平均股價指數的年成長率後，可得到以下數字。

- 2012年：21.43％
- 2013年：52.42％
- 2014年：9.69％
- 2015年：9.33％
- 2016年初：上升1.4％

2014年4月，將消費稅率從5％提升到8％的結果，GDP不僅沒有大幅增加，自2014年4至6月到2015年1至3月這段期間，實質GDP的成長率反而轉為負的。究其原因，是個人消費大幅降低。

而後，日本國內景氣欠佳，2016年4至6月期間的實質GDP成長率，和前年相比為0.6％。股價也呈現低迷，2014年和2015年的年上漲率不到10％。雖然在2015年6月24日，日經平均股價指數收盤來到20868點，但從此後就呈現下滑趨勢。後來，2016年11月8日美國總統大選由共和黨的川普取得勝利，整體市場的情勢就變了。美元兌日圓匯率也久違地來到1美元兌113日圓，2016年12月8日的日經平

均股價指數是 18765 點。

從前面敘述可知，景氣好的時候股市也會走升，不景氣時就會下滑。因此，基本趨勢是 GDP 會與股價指數連動。這不是只有日本，美國等地也一樣（圖表 4-2、圖表 4-3）。

不被國家或商品束縛、到哪都能投資的人，就應該投資景氣好的市場。要讓股市呈現上升榮景，必須得讓景氣維持在良好狀態。安倍經濟學的起點，就是在全日本都認為接下來景氣會好轉的期待感中上升。但是隨著 GDP 成長率的減速，股市在 2015 年就無法繳出更高的數字。

▎ 個別公司股價也會大幅受大環境影響

當然，並非所有公司的股價在不景氣時都會下滑。其中也有儘管整體市場正在下滑，卻逆勢上漲的標的。

但是正如前面所述，多數股票的股價都有受整體市場價格變動影響的傾向。就算業績良好，只要市場整體走貶，該公司之股價也容易下滑。至少與市場整體走高時進場的投資人相比，市場整體低迷時的獲勝機率是不高的。

常聽到一句話是這麼說的：「資產管理的報酬中有八成來自資產配置（asset allocation）。」這句話是從美國知名投資學者蓋瑞・布林森（Gary P. Brinson）在 1986 年發表美國退休基金（pension fund）的調查結果而來的：「資產配置，

圖 表 4-2　GDP 容易與股價連動（美國）

實質GDP的前年比（左邊刻度）

S&P500指數（右邊刻度）

每季實質GDP的年率換算（季節調整）與前年同期比（左邊刻度）

1986 88 90 92 94 96 98 2000 02 04 06 08 10 12 14 16（年）

出處：美國經濟分析局（U.S. Bureau of Economic Analysis）、FactSet資料

圖 表 4-3　GDP 容易與股價連動（日本）

實質GDP的前年比（左邊刻度）

每季實質GDP的年率換算（季節調整）與前年同期比（左邊刻度）

東證股價指數（右邊刻度）

1986 88 90 92 94 96 98 2000 02 04 06 08 10 12 14 16（年）

出處：日本內閣府、FactSet資料

決定九成的投資績效。」後來，出現了各式各樣的研究，至少在美國就有了資產配置對報酬有極大貢獻的說法，而這樣的結論也成為基金投資的前提，因此產生「與其討論投資哪檔基金，不如判斷該投資哪一檔資產配置組合的基金，對報酬更有貢獻」的說法。該說法指的是，比起討論投資 A 公司或 B 公司的股票來獲得報酬，應該思考的是要放多少資金在股票、債券，以及期貨。這說法常被誤解成比起選擇個別公司，選擇國家來投資會更有意義，因此不用對個股的背景進行調查。

不過，這個思考方式其實也適用個股投資，如能在景氣佳的市場氛圍下，以長期持有方式投入資金，將能提升獲利率。

此外，不光是評估景氣好壞，搭配當下國家政策的施政重點也很重要。

像安倍經濟學的目的，就是放大持續縮小的經濟規模。從日本經濟的特性來看，日本的商業基礎是輸出具附加價值的產品，所以為讓主要獲利來源是外銷的企業更具競爭力，就必須讓日圓貶值；而為讓日圓貶值，所以採取了「量質兼備寬鬆政策」（Quantitative and qualitative monetary easing，QQE）[1]。在了解這個政策推出的緣由後，就能得知未來外銷

1　是指在量化寬鬆之外再加上質化寬鬆，也就是由政府設定政策目標作為量化寬鬆方向，如日本央行在 2016 年設定 2%的通膨目標。

相關產業將因政策推動而使股價上漲，身為投資人就應該抓住機會進行投資。實際上外銷公司代表中，以豐田汽車為首的汽車相關產業之股價都因安倍經濟學的推出而大幅上漲。安倍經濟學推出時，股價約4000日圓的巨型企業「豐田汽車」，巔峰時期股價可是曾飆漲到超過8000日圓，由此可見供需關係對股價的影響有多巨大。

2 經濟指標也會影響股價

先於景氣變化的經濟指標非常重要

▌ 領先指標、景氣同時指標、滯後指標

　　前一節提到景氣好壞會對股價造成極大影響,而以數值表現景氣好壞的,就是「經濟指標」。前一節以GDP對前年同期相比的成長率來說明股價與景氣的關係,但股市是受景氣動向和公司業績的互相影響。因此,雖然必須儘早掌握景氣現狀來預測接下來的狀況,但因為GDP是以季為單位公布,不適合拿來當成快速掌握景氣動向的指標,只能作為事後確認景氣狀況的觀測型經濟指標。

　　因此,以經濟預測為職務的經濟學者,就得鉅細靡遺地看遍各種經濟指標,才能建立預測。如今透過網路就能快速

掌握資訊，只要這些經濟指標公布，就能馬上確認情報，相當方便。

那麼，為數眾多的經濟指標中，有哪些指標能實際反映景氣的走向？

有個參考指標是「景氣動向指數」，這是由日本內閣府公布的指標，整合了如生產、雇用等各種經濟活動中重要且能敏銳反映景氣的指標動向，是為了掌握景氣現狀及預測未來狀況而製作的好用指標。「景氣動向指數」分為領先景氣動向的「領先指標」、幾乎與景氣活動同步的「同時指標」、較晚變化的「落後指標」，總共採用30種經濟指標加以計算而成。[2]

觀察屬於指數中領先景氣動向的「領先指標」，就能事先洞察景氣動向，得知未來景氣會更好，或是衰退。

領先指標包含以下經濟指標。

- 最終需要財在庫率指數
- 礦工業用生產財在庫率指數
- 預定徵才數（非應屆畢業生）
- 實質機械訂單（製造業）

---

2 若欲查詢台灣的相關景氣指標，可上國家發展委員會景氣指標查詢系統：
https://index.ndc.gov.tw/n/zh_tw/lagged#

- 新設住宅建築面積
- 消費者態度指數
- 日經商品指數
- 貨幣存量（與前年同月相比）
- 東證股價指數
- 投資環境指數（製造業）
- 中小企業營業額預估擴散指數

對於預測股市動向來說，這明明是有直接幫助的數字，但令人意外地大多數人都忽略這些指標的意義。光是掌握這些經濟指標的公布時程，定期檢視變化，在做投資決定時會非常有幫助。不只經濟指標，公司財報發表時間自然也不容錯過，對於市場相關的活動，只要掌握某件事發生的時間點，就能事前想像出數字公布後的變化，還有當下股價將會如何變動。

以上這些資料發表的日程，如果是想下功夫研究自己想投資的公司，可在公司官網上搜尋「給投資人的資訊」。若是想得知市場整體狀況的話，可參考雅虎金融、日本經濟新聞等網站[3]，建議各位確實檢視相關資訊。

---

3 台股狀況可參考奇摩股市等網站。

3 利率與股價
利率上升的話，
股價也會上漲嗎？

▌ 與過往常識不同的變動方式

教科書上說：「利率上漲則股價下跌；利率下降則股價上漲。」但是，實際上利率和股價會往同一個方向變化。換句話說，利率上升的話股價就上漲；利率下降的話股價也會下跌。

為什麼會這樣呢？

原本在利率上升時，投資人為了獲利會購買該國的國債，因此資金會從股市轉到債券。此外，通常國債價格下跌的話，利率就會上升；國債價格上漲的話，利率就會下降，兩者呈現逆相關性。國債吸引人的原因在於利率高、獲利高，因此比股票更具魅力，所以在利率上升時股價就會下跌。

當一國國債利率升高，會讓該國出現通貨膨脹，如今這

種企業經營全球化的時代，處於通貨膨脹的環境會導致股市低迷。然後，在進行設備投資時，若是採取向銀行貸款、發行債券等從資本市場調度資金的行為將使成本上升，因此會讓企業不想進行設備投資的行動。

由於利率上升的話，存款利率也會跟著上升，所以也將使民眾儲蓄意願提高。而房屋貸款或汽車貸款的利率上升，會使高額消費的成本增加，所以個人會轉而控制消費活動。據說日本GDP的占比，個人消費占整體的六成，企業的設備投資占二成。也因為個人消費占據GDP的八成，所以一旦經濟活動低迷，公司業績也將跟著下滑。結果就是讓股價跟著跌落。

而利率下降後，還會發生完全相反的事件。因為利率下降，所以比起儲蓄，大眾會轉由投資來獲利，這也會讓企業的設備投資與及個人消費欲望上升，因此公司業績好轉，連帶使股價上漲。

不過，實際上利率和股價會往同一個方向變化。換句話說，利率上升的話股價就上漲；利率下降的話股價也會下跌。近年就有這樣的例子，自從川普當選美國總統後，美國國債的利率上升、美元上漲、美國股市也創新高。看來教科書的內容，與市場上實際發生的狀況，還是會有對不上的地方。

這是為什麼呢？

我們先不採用教科書的觀點，而以更現實的角度來思考利率和股價的關係。

利率轉升前，通常會下降到某個程度。講個年代有點久遠的事，過去日本的利率標準稱為「公定步合」。公定步合雖在1980年3月19日上升到9％，但同年8月20日下降到8.25％後，總計下降了9次，在1987年2月23日降到2.5％。

利率轉升的日子落在1989年5月31日，從之前的2.5％上升到百分之3.25％。然後直到1990年8月30日，花了4次調升至6％。

在這段期間，日經平均股價指數又是如何變化？

公定步合降到2.5％的1987年2月的日經平均股價指數，月底的數值為20766點。1989年5月時利率開始上升，到了1989年12月的月底數值，上升至38915點。即便利率調升，股價還是一路上升（下頁圖表4-4）。

▋ 利率上升等於景氣變好

說到底，帶動利率上漲的原因，就是那個時機點當下的景氣很好。景氣好的話公司業績也會上揚，所以股價也會上漲。因此，當利率開始上升後股價趨勢就不會處於疲軟，大多數會如同慣性法則一樣持續上漲。

不過某種程度上，利率水準上升後，實際上對經濟會開

始帶來負面影響。

如前所述，企業或個人的資金調度成本上升，使企業在設備投資方面或個人在消費上都會降低欲望，這個作用力就是源於利率上升。

利率下降時則會出現相反狀況，因為之前受利率上升影響，公司業績處於低迷，當利率達到頂峰後轉為降息，股市整體還是暫時不會轉變為漲勢局面。此時市場上會開始出現物色業績在利率下降時反而特別活躍的標的之態勢，然後當公司業績真的開始回復後，才會使整體股市走揚。

圖表 4-4　**利率調升時，股價也容易上漲？**
　　　　　——日經平均股價指數和公定步合、國債收益率的變化

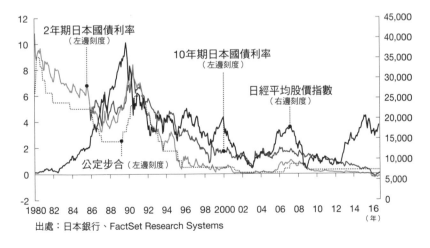

出處：日本銀行、FactSet Research Systems

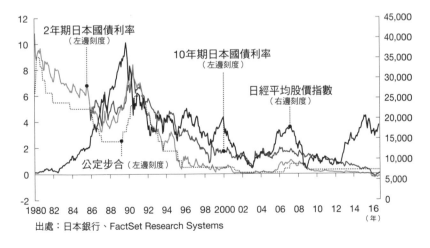

各國的中央銀行，是以平衡景氣和利率為前提來決定政策走向。美國就曾執行這樣的動作，為維持美國的繁榮景氣，聯邦準備銀行（Federal Reserve Bank，FRB）不讓景氣冷卻，因此再升息（圖表4-5）。

　　利率和匯率會互相影響，形成一個循環（下頁圖表4-6）。通常投資人會對能獲取更高報酬的資產投入資金。舉例來說，有個國家的利率正在上升，如果該國的國債收益率比自己國家的國債收益率還高，應該就會選擇能確保更高獲利的國家之國債來投資，因為外國的國債必須以該國貨幣購買，

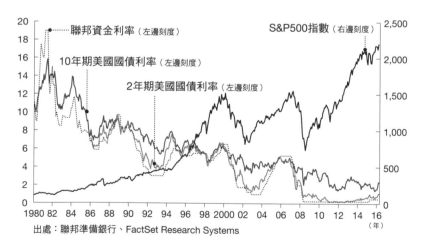

圖表 4-5　美國的利率與股價的連動狀況
　　——S&P500 指數和美國國債收益率的變化

出處：聯邦準備銀行、FactSet Research Systems

所以會先賣出本國貨幣來購買外國貨幣。又因為賣出本國貨幣會使匯率下降，買進有高收益率國債的國家，其貨幣匯率就會上升。

因為有資金投入國債，使國債價格上漲；而國債被購買後，貨幣價值上升、物價開始下滑；然後因為不知道物價會不會再繼續下滑而開始降低購物造成通貨緊縮；為脫離通貨緊縮狀態，所以調降利率使貨幣價值下跌，於是「不快點買就可能買不到物品」的心態促進消費欲、刺激景氣。

圖 表 4-6 　利率和股價的循環

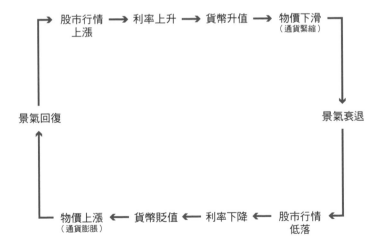

4 匯率與股價
匯市對股價最具影響

▌ 美元為世界關鍵貨幣

　　匯率會與股價連動，雖然統稱「匯率」，但其實有美元兌日圓、美元兌歐元、歐元兌日圓、澳幣兌日圓、澳幣兌瑞士法郎等，各種貨幣互相兌換交易，以下將以美元兌日圓的匯率為主。

　　日本最大貿易對象就是美國，儘管已不如過去有影響力，美元到現在還是被視為世界關鍵貨幣。而且，美元也是全球流通量最大的貨幣。因此討論到日本經濟或日本的股價時，以美元兌日圓的匯率為主也是理所當然的。

　　以近期的狀況來看，美元和日圓之間的匯率變化，幾乎都與日本的股價變化一致。換句話說，有著日圓貶值時股價高，日圓升值時股價低這樣的關係（圖表4-7）。[4]

4　就過去歷史經驗來看，台股與台幣通常呈同向走勢，只要台幣升值股市就走多頭。

還有一個重要指標，是我觀察匯率數值變動時的參考，那就是比較2年期的美國國債與2年期的日本國債之間的利率。

2 年期美國國債利率－2 年期日本國債利率

透過以上算式所得的利差若大，就會傾向購買美元；相反地，利差若小就會看到購買日圓的傾向較高（下頁圖表4-8）。這是因為投資匯市的專職交易者總是盯著日美之間的利差，並依此訊息來決定是否要購入或賣出美元。

圖 表 4-7　日經平均股價指數與美元兌日圓的匯率連動
── 日經平均股價指數和美元兌日圓匯率的變化

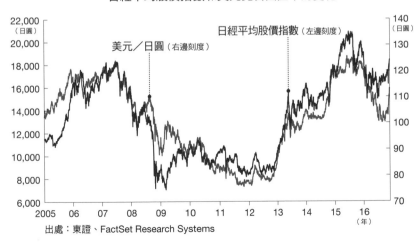

出處：東證、FactSet Research Systems

所以，當利差擴大時因買進美元促使日圓貶值，日本的股價會變得容易上漲；而利差縮小時就賣出美元因此促使日圓升值，將使日本股價容易下跌。所以**在觀察股市時，也要確認匯率**，因為還有日美之間的利率差異之影響，所以除了匯率變化，還必須一起確認利息的變化。

　　不過「日圓貶值等於股價將上漲、日圓升值等於股價將下跌」這樣的結構，並非從過去就一直如此。過去就算日圓貶值，也曾有過股市場仍持續崩盤的時期，未來可能也會發生不如過去與匯率連動性如此高的期間。再加上各檔股票之股價變化幅度不盡相同，並不能套用在所有股票上。

圖 表 4-8　日美利差與匯率的關係
——美元兌日圓的匯率與日美國債收益率比較的變化

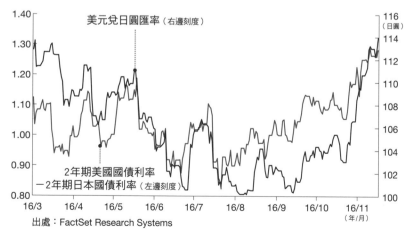

出處：FactSet Research Systems

如果是以外銷為主的公司股價，會與前述所說的一樣變化。因為對外銷來說，日圓貶值是比較有利的，日圓升值則不利外銷。舉例來說，1美元兌120日圓時，一個售價100美元的商品若輸出10000個，那麼換算成日圓的營業額如下。

120日圓 × 100美元 × 10000個 ＝ 1億2000萬日圓

　　如果輸出數和售價一樣，但匯率是1美元兌100日圓時，營業額是多少呢？

100日圓 × 100美元 × 10000個 ＝ 1億日圓

　　光是日圓升值，匯率從1美元兌120日圓變成100日圓，業績就會從1億2000萬日圓減少到1億日圓。這也將使投資人視為公司的業績惡化，因此股價會跟著下跌。

　　此外，匯率變動不只影響營業額，也會對成本或管銷費等費用項目造成影響，使營業利益出現變化。再者，現在日本公司也逐漸走向全球化，不只從日本本土輸出產品，還會在海外據點開創事業。在當地使用當地貨幣交易，之後再將當地貨幣換算成日圓。與營業額相同，在換算時如果日圓貶值，會比日圓升值所得到的換算金額為大。與前年比較後，將之視為非營業匯率差。雖然當地貨幣是為了在當地使用而

持有的，但在年度結算時會當成換算基準，這對投資者來說會影響到所投資的每一股的利潤，所以不容忽視。

基本上日圓貶值有助提升公司業績。2012年12月因為推行安倍經濟學政策，匯率從1美元兌80日圓大幅貶值到1美元兌120日圓，但這也使汽車、高科技產業、電子產業等日本的代表性外銷公司之業績，創下比過去更亮眼的成績，連帶地股價也大幅攀升。

這些外銷比例高的公司，在日圓貶值時股價就漲、日圓升值時股價就跌，但日本公司中也有做進口生意的企業，比如電力、瓦斯或食品業等，對這些做進口生意的公司來說，日圓升值時具有降低進口原料成本效果，對業績也有加乘效果，對提升股價也有幫助。但當日圓貶值時就會使進口原料的成本上揚，對業績表現來說將帶來負面效果，股價也會下跌。

此外，如果是完全只在國內提供服務的內需型企業，就不太會受匯率波動影響。換句話說，隨著行業或公司的收益結構不同，受匯率變動的影響也會有差異（下頁圖表4-9、圖表4-10）。

▋ 因外銷相關企業較多而追求日圓貶值

雖然如此，我想對大多數人來說，「日圓貶值，股價高」

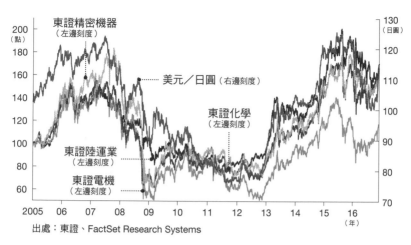

**圖 表 4-9 汽車、電機、精密機器等產業的
美元兌日圓匯率為正相關**

東證精密機器
（左邊刻度）

美元／日圓（右邊刻度）

東證化學
（左邊刻度）

東證陸運業
（左邊刻度）

東證電機
（左邊刻度）

200
（點）
180
160
140
120
100
80
60

130
（日圓）
120
110
100
90
80
70

2005　06　07　08　09　10　11　12　13　14　15　16
（年）

出處：東證、FactSet Research Systems

**圖 表 4-10 紙漿和造紙、石油和燃煤產品等產業
和美元兌日圓匯率的關聯性低**

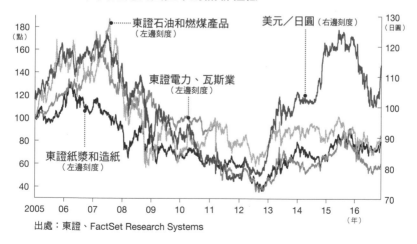

東證石油和燃煤產品
（左邊刻度）

美元／日圓（右邊刻度）

東證電力、瓦斯業
（左邊刻度）

東證紙漿和造紙
（左邊刻度）

180
（點）
160
140
120
100
80
60
40

130
（日圓）
120
110
100
90
80
70

2005　06　07　08　09　10　11　12　13　14　15　16
（年）

出處：東證、FactSet Research Systems

「日圓升值，股價低」這樣的印象應該還是比較深刻，因為這是從與日經平均股價指數的關聯性來看匯率和股價。日經平均股價指數是從東證一部的上市企業中選出225家公司，將這些公司的股價透過固定算式加以平均而得。又因該指數的組成含有大量汽車或高科技等外銷相關公司，因此當日圓貶值時則日經平均股價指數會上升，日圓升值時則會呈現下跌傾向。

此外，當匯率會影響公司業績時，就必須檢視公司的「假設匯率」。多數公司在製作下一期的營利預測時，會先設定當時的匯率將會是多少，以此預估業績數字。舉例來說，索尼公司在發布2016年第一季的決算報告時，預測2017年第一季的匯率是1美元兌110日圓，但在上半年的決算發表時，「假設匯率」變更為1美元兌101日圓。

兩相比較下，匯市是往有利的方向變化，或是往不利的方向變化，將影響決算書上的數字是該向上或向下修正，這也同時會影響股價。

多數公司會在今年就決定隔年的預算，以3月提出決算報告的公司來說，就是在第一季決定隔年之預算。2017年第一季，多數公司假設的美元兌日圓匯率是落在110至115日圓。因為2016年第一季的美元兌日圓匯率在110至115日圓間波動，但4月之後日圓走升，變化區間變成100至105日圓。因此，在發布第一季財報時，多數公司的假設匯率往

日圓升值方向修正，連帶也調整了業績數字。在上半年決算發表時，各家公司的日圓兌美元之假設匯率更是皆修正為100日圓，業績數字往下修正的情形也增加了。不過，因本書寫作時美元兌日圓的狀況是美元升、日圓貶，來到113日圓，如果這個狀況繼續下去的話，投資機構認為各家公司可能在年度結算前，發布業績數字向上修正的消息。

CHAPTER 5

撼動股價的
市場因素

UNDERSTANDING THE STOCK MARKET

1

期望與股價
過多的期待會製造泡沫

▌日本股市的平均本益比曾超過 60 倍

各位讀者是否聽過**公允值**這個詞？

如公平價格、合理價格、合適價格那樣，據說透過評估公司的業績、純資產額、收益性、外部環境等因子，就能推導出「合理的股價」。換句話說，這很接近我們前面一直在討論的「企業價值」，但因為還是有所不同，容我以下說明。

我以蘋果來解釋企業價值和公允值之間的差異。假設蘋果果農每年都以100日圓賣出一顆蘋果，但因為今年其他果農也都大豐收，原本一顆價值100日圓（企業價值）的蘋果，變成以80日圓（公允值）賣出。

就股票的發行目的來說，從經濟常識面向看，理想狀態是達到一定的價格水準。不過如同我們前面所說明的，股價（上市股票）的形成是透過市場交易中許多變數所造成的結

果，並非完全能透過某個算式所計算出來。當市場上的投資人用自己認為的企業價值，或用各自認定的不同基準來設定股價並進行買賣交易，也就等於市場上的投資人，各自表達心中對該公司所認定的公允值。換句話說，買進股票的人認為這檔股票的公允值已經超出他買進的價格，所以覺得實惠；賣出的人則認為公允值就是目前的股價。

再說得明白一點，股價就是供需問題，是透過買賣雙方的角力所決定。而這樣的關係是綜合了各種資訊的結果，其中還包含期望與失望。

如果因為某個事件而對某檔股票有了將來會翻漲的期望，會變得如何呢？想必會有大量的買單投入該股，股價也將大幅上漲到超過企業價值或公允值吧！不管該公司是不是業績不好、財務狀況惡化，如果還是不斷出現買家，股價就會推升，至於原本打算在股價上漲時就賣出的人，也會覺得再放久一點說不定價格會炒更高，於是賣出的股票減少，買家必須花更多錢才能買到。從結果來看，因為市場的價格決定結構，導致股價提升，也使股價呈現泡沫化狀態。

不僅單一個股如此，日本股市過去也經發生幾次股價泡沫化的狀況。舉例來說，在1980年代的泡沫經濟時代，日經平均股價指數在1989年12月底的盤中曾創下38957點的高點，當時日本股市的本益比超出了70倍。同一時間先進國家的股市本益比大約是15倍，由此可看出日本股市是因

為市場的過度期望而有超量買進。

　　後來日本股市迎來的狀況，我想各位應該也都知道。日經平均股價指數長期低迷，2003年4月28日甚至掉到7603點。而後，在小泉內閣時期達到戰後以來最長期的景氣繁榮，指數雖在2007年2月26日回到18300點，但因為接續受2007年的次級房貸風暴、2008年的雷曼兄弟事件影響，指數在2008年10月28日跌至6994點。此時日本股市的本益比下降到10倍（預想基準）的水準，然後因指數反彈和企業業績向下修正使本益比上升至55倍。高本益比會出現的情況，是在對股市有高度期望、或是期望雖不高但利潤減少的時候。科技股泡沫時的高本益比是由高度期望值所創生，雷曼兄弟事件時則是因企業利潤縮小而創生。

▌ 2000年的科技泡沫

　　提到因過度期望而導致股價泡沫化上漲的狀況，就讓我不禁想起2000年4月，科技概念股的急速狂飆時期。

　　那時還是網路黎明期，1998年10月9日的日經平均股價指數雖然跌至12187點，但在2000年4月12日漲到20833點，日本股市的本益比也達到150倍以上的預估值。索尼公司、軟銀集團、光通信集團、雅虎等網路相關企業的股價也急遽上漲。順帶一提，可稱為日本科技泡沫象徵的雅虎股

價，在1997年上市時的初始價為每股200萬日圓（公開募股價格為每股70萬日圓），到2000年2月已經漲到1億6790萬日圓。

科技泡沫不僅出現在日本，美國的微軟、亞馬遜公司、美國線上（AOL）、思科系統（Cisco Systems）等相關科技公司之股價也是狂漲。當時的股價狀態有多泡沫化呢？舉例來說，長期赤字的亞馬遜公司的市值就超過300億美元、微軟的市值最高超過6000億美元，我想這樣各位應該就心裡有數了。至於美國線上的本益比則是超過700倍。但同樣是科技股泡沫化，美國與日本有一點不同，那就是以美股的本益比來看，標準普爾500指數（S&P 500）大約30倍，那斯達克指數也大概落在60倍。

科技泡沫時，因為日本國內的多空策略對沖基金（Long Short Found）還很少，多數都是長線基金（long-only fund），所以原本未持有這些科技股，也就是說這些基金相對於緊盯指數的報酬更在意基金績效的表現，所以基金操盤手會開始買進這些股票。然後，證券公司的分析師會添加各種「價值」，不停提出目前的股價合理、「公允值還會更高」的報告給投資基金的客戶。這些價值中，也有加上某公司的品牌價值而計算出的公允值。雖然是個明顯失當的情況，但多數人的考量都是與其不買而損失機會，不如買了再說。那是一種「就算有要先下車的想法，也沒有人會在反彈前下車」

的時代。

隨後，科技泡沫在日本和美國幾乎同時破滅。曾是時代寵兒的雅虎股價跌至原本的二十分之一左右。以光通信集團的股票來說，在連續二十天的股價跌停後，最終從巔峰時的24萬1000日圓跌落至895日圓（圖表5-1）。儘管這個跌幅已屬異常，但更驚人的是該股創下前所未有的連續二十個營業日都跌停的紀錄，這是真正的泡沫崩壞。

說到底，當這些前景難以預測的公司股價遠超過1億日圓時，就該警覺這會衍生成多大的泡沫狀態。這些該被稱為泡沫寵兒的股票，因為市場對其未來的期望報酬抱有過高期

圖 表 5-1　典型的股價泡沫化
　　　　——光通信集團（販售事務機等）

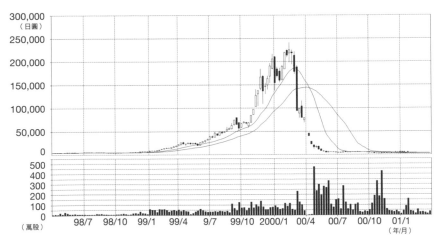

待，因此被大量購買。當然，從企業價值的角度來說，這是個完全無法合理說明的股價水準。

　　但是，支撐市場供需的期望感會在某個階段突然消失。如果是靠期望感而上漲的股價，只要期望感一消失，就會開始大幅崩盤。

2 題材與股價
「合理的理由」
能創生題材

▊ 能想像未來的思考

通常期望感不會在什麼都沒有的狀態下突然高漲，讓多數市場參與者感受到美好的未來、加上有前途又合乎道理的理由，就能累積期待感，這在股市稱為**題材**。

市場參與者中，有人會將目前流行的話題視為某種題材，然後投資與該題材相關的股票。特別是散戶投資人，因為想要短期得到相對大的報酬，會更傾向尋找每段期間與流行主題相關的股票。

過去，股市場流行過各種題材。

年代久一點的如1980年代後半的股市泡沫時期，「灣岸相關概念股」受到關注。所謂「灣岸相關概念股」，指的是因為期待東京灣岸地區的開發，在該地區持有廣大土地的公

司也許會獲利豐厚而成為市場關注對象。當時的日本不動產價格看不見上升的盡頭，所以在東京灣岸地區持有土地的公司，將因保有資產而獲得巨額增潤。結果，在豐洲附近有廣大土地的石川島播磨重工（現 IHI）、東京瓦斯、日本鋼管（現 JFE 控股）等公司開始受到注目。

1998 年至 2000 年，因為前面提過的「科技泡沫」正熱，能和「科技相關」概念聯想在一起的公司，就會受到關注。

2001 年至 2006 年，在小泉內閣的治理下，日本經濟迎來長期的景氣繁榮局面。這段期間內，與「行政改革」「法規鬆綁」「郵政民營化」政策相關的題材，或能從中受惠的公司都會受到矚目。此外在同一時期，與「中國」有關的相關題材也開始出現了，預計將因中國經濟成長而受惠的股票也買氣大增。

如今的股市，投資人也持續找尋各種題材相關的股票。我大略地思考一下，腦海裡就浮現幾個有潛力的題材，如自動車、再生能源、物聯網（IoT）、金融科技（Fintech）、生技創投、賭場、超電導浮軌列車、國土強韌化（防災計畫）、東京奧運、保育與長照、虛擬實境（VR）、擴增實境（AR）等。

與過去相比，近來的股市強烈地呈現熱門題材不斷轉移的情況。

舉例來說，1980 年代的股市泡沫時期，熱門題材是與

灣岸地區開發的相關概念股；1998年至2000年是科技相關產業，市場參與者皆專注在單一題材上。相對於此，在安倍經濟學啟動後，2012年12月以後的日本股市開始出現題材林立的現象。生技創投股被買追捧一輪後，接著就是再生能源相關概念股被關注，在這多種題材林立的市場中，從題材A到題材B，再從題材B到題材C，受到注目的題材不斷變化，與題材有關的股票則能獲得市場買盤青睞。

　　確實，與題材相關的概念股股價上漲很快也是事實。不同股票的狀況不同，有的會連續數日漲停，也有不小心就成長為比股價最低時高3倍、5倍的飆股。不過，**股價在短期內急速翻騰的股票，一旦碰到天花板之後，下降的速度也會很快**。等到投資人回神時，股票早已回到股價狂飆前的水準。**不考慮公允值而是依題材選股的人，必須確實知道「這是一種風險非常高的交易方式」**。

　　此外還必須知道，題材的時間軸和投資的時間軸是不一樣的。

　　像是在網路泡沫時期，曾流行這樣的宣傳：「網路是能與工業革命匹敵的社會變革，是能持續百年以上的題材，值得長期投資。」網路確實在後來以各種形式融入我們的生活，現在已經是沒有網路就難以度過日常生活的狀態。想必未來的生活，網路更是難以或缺的東西。

　　以長期眼光看待後續變化，日本雅虎的股票在每年反覆

分割之下，讓股價在2016年12月時來到450日圓附近，但若將股價修正到未分割的狀態，雖然無法超越2006年創下的1億6790萬日圓最高紀錄，卻也已經是網路泡沫破裂後的10倍價格以上。從這個角度來看，可以認定資訊革命還是值得長期投資的題材。從題材的觀點來思考股價動向時，還必須冷靜比較會因市場供需而影響的短期變化，以及該題材將帶來的長期變化。

▌ 搭上題材的投資，有三次機會

從時間軸來思考，我認為一個題材會有三次投資好時機，如能好好把握將可從中獲得報酬。

首先，是只憑題材出現就購買的時候。在這個時候，**話題性**就是一切，是否實際反映企業業績是另一回事。只要具話題性就有買氣，當然這樣的市場反應不會太長久，肯定會在某個時候面臨較大的調整。科技相關產業的興旺和網路泡沫的破滅，就是這個狀況。

再來，是開始提供具體商品或服務，**產生營業額**的時候。

最後，是**商品或服務普及**後，公司利潤也將變得更大的階段。

其實科技相關產業也是，要等到開始實際繳出正常的利潤成績，市場上評估股票的合理股價後，股價才會繼續上升。

以實際例子來說明這三次的循環（圖表5-2）。

例如電腦的液晶螢幕或家中的液晶電視，如今幾乎是電子產品的基本配備，但在二十年前「平面顯示器」可說是相當大的投資題材。夏普約在2000年投入AQUOS系列產品的生產，但因為幾年前小型顯示器已經變成彩色液晶顯示器的天下，所有顯示器也跟著轉為液晶平面顯示器。結果，從生產液晶顯示器的企業，到主要的材料供應商之股價全部上漲。AQUOS產品推出時，13至15英吋的顯示器還處於高價，不可能馬上普及。當時，如果價格沒壓在1英吋10000日圓以下（也就是說，13英吋就至少13萬日圓），就難以推動從

圖 表 5-2　搭上液晶顯示器風潮的投資機會有三次
　　　　　——東證股價指數和液晶相關股票的市值變化

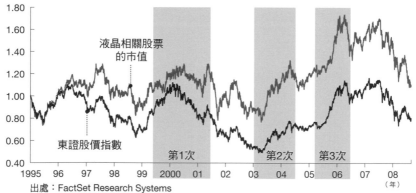

出處：FactSet Research Systems

※液晶相關股票（日產化學工業、捷時雅JSR、日本瑞翁〔ZEON〕、富士軟片控股公司、旭硝子、日本板硝子、日本電氣硝子、夏普、日東電工、凸版印刷、大日本印刷）

映像管更換為液晶螢幕的趨勢。於是液晶顯示器的製造商接連建造效率良好的大型顯示器製造工廠，進入 2000 年代後半，電腦螢幕幾乎都改為液晶顯示器，普及價格區間也下降了。電腦螢幕和電視螢幕從映像管變成液晶，推動了液晶顯示器的普及度。而且隨著數量增加，提供生產材料的企業業績也提升，股價也跟著上漲。

後來，因為更換為液晶顯示器的趨勢差不多走入尾聲，股價失去上漲勢頭。不過就如前述，只要是好題材，就有三次獲利機會。

雖說如此，市場中也曾出現過非常多火熱的題材，但卻並非全都是像這類經過時間考驗後能實際改變人類社會的東西。曾經引發一波追逐流行卻虎頭蛇尾的題材也是所在多有。舉例來說，和地球環境問題相關的水資源，就曾在股市中成為受矚目的題材，此外頁岩油、頁岩氣也在原油價格高漲時備受關注。但是這些題材現在幾乎都無法成為話題。未來如果社會局勢轉變，可能會在某個階段再次得到關注，可是若沒發生的話，就會逐漸被市場參與者淡忘，題材就是這麼令人難以捉摸。

就結果來說，我當然也會投資搭上熱門題材的股票，但我並不是一味跟風，而是**確實分析該企業的基本面，並衡量股價的公允值**，然後評判是否具備投資價值。

3 如何面對股價泡沫
要注意「無視估值的定價」

▌程式交易會加速短期泡沫？

基本上市場會一直反覆著上漲、下跌的循環，無需特別留意，但以目前的傾向來說，隨著程式交易興盛，市場變化有加強的感覺。換句話說，現在已非單純以人的判斷來形成趨勢，諸如動能指標（momentum）、供需問題或生產量等條件，也會造成系統性的投入大量資金，或者移出大量資金。隨著這個傾向日趨顯著，我認為這便是憾動市場的重要因素。

儘管如此，市場是活的，我們必須經常配合市場而做變化。就算發現股市的股價變化和過去的上漲、下跌趨勢不同，我們也不能因為股市毫無規則而無視，必須將其視為新的方向，來調整自己操作的方式。

那麼，思考「泡沫到底是什麼？」這個根本問題，我認

為還是必須提到「無視估值的定價」。

　　舉例來說，因為市場整體走強而想提高持股的部位（position），但查詢了其他投資候補名單的估值後才發現，每檔股票的價格都偏高，要找到投資對象得花很大力氣。而且越是在這種時候，越容易遇到後來大幅調降的情況。這樣看來，股價比估值高出許多的急速飆升感就很接近泡沫狀態，如果接著又大幅調降就是真正的泡沫崩壞。這並不單指日經平均股價指數或東證股價指數這種反映市場整體的指標急升、急落，就算個別公司的股價也是經常發生。

█ 進場後，必須善用泡沫

　　站在一個專業投資人的角度，當遇到泡沫時該採取什麼樣的投資行為，其實有不同的對應方式。也有「遇到泡沫就完了」這種想法而完全不願進入市場的人，但也不保證這樣的投資人就能在指數基金或其他基金的投資中獲利。當然我也不是鼓勵專業投資人可以仗著不是操作自己的資金，便不顧一切搭上泡沫熱潮盲目進場。機構投資人因為操作資金金額龐大，趁著泡沫熱潮進場雖然不錯，但如果打算從市場中退出，應該會面臨買家不多、就算想賣股也賣不出去的狀況，所以必須慎選投資標的。我個人在短期泡沫時不會積極跟風，我會注意股票的估值，不管哪檔股票我都會查看過去

是否有股價過高跡象，或是把個股與同業相比較，然後才選擇是否該出手購買。

相反地，**當社會瀰漫一股對股市的悲觀看法，我反而會開始尋找買進目標。**

像小泉內閣上任後的2002年至2003年，日本股市一片低迷，幾乎沒人抱持樂觀看法。在2003年5月，政府決定注入資金到里索那銀行（Resona Bank）前，日本整體壟罩在對金融市場感到不安的氣氛底下。

當政府決定挹注資金給里索那銀行後，市場氛圍開始轉變，股價馬上有了反映，從結果回推，這個舉動就是從低迷氣氛反轉為長期上漲的開始。此時，追蹤銀行等金融機構的分析師，多數表示：「這樣一來，銀行業也會開始改革了吧！」因為這樣的關係，投資人也逐漸增加對股票的投資。確實，掌握進場時機是非常困難的事，但假如能夠確實掌握估值，就能做出類似「這檔股票的股價應該不會再大幅下跌了」的判斷。另一方面，如果能大致把握「該股高點大概在哪個區間」，就能從掌握該股的上行（upside）風險或下行（downside）風險來判斷現在是否該進場投資。

4 股市常有流行趨勢
熱門產業會不斷變化

▎ 確認不同的指數

各位應該曾在電視等媒體上聽過「今日是由小型股
（small-cap stock）主導的市場」或「今天市場上價值股買氣
大增」這樣的話。股市和時尚流行一樣，會有某段時期是小
型股上漲、成長股上漲、股價淨值比低的股票上漲，或只有
股東權益報酬率高的股票上漲這樣的趨勢。為了盡早發現這
些趨勢，必須頻繁確認大小、類型不同的指數。

下頁圖表5-3是2007年至2016（到12月8日前）年各指
數的報酬。

從這張圖表可知，像美元兌日圓匯率在日圓貶值那年
（2012年、2013年）日本股市指數上升；在日圓升值那年
（2007年、2008年、2011年）指數下降。

另外，2007年和2008年就是發生雷曼兄弟事件當年與

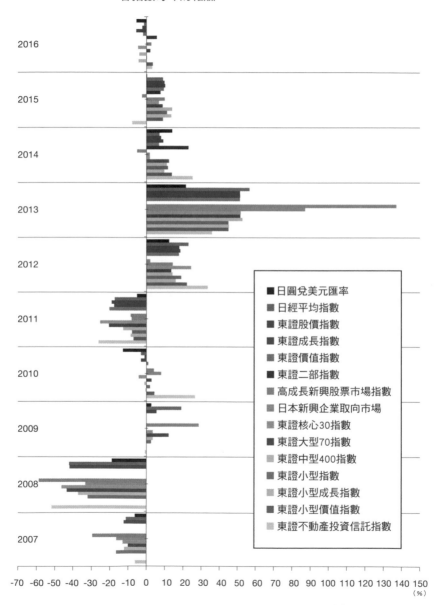

圖 表 5-3　隨規模大小而有明確的上漲率差異
　　　　——各指數每年的報酬

2016

2015

2014

2013

2012

2011

2010

2009

2008

2007

■ 日圓兌美元匯率
■ 日經平均指數
■ 東證股價指數
■ 東證成長指數
■ 東證價值指數
■ 東證二部指數
■ 高成長新興股票市場指數
■ 日本新興企業取向市場
■ 東證核心30指數
■ 東證大型70指數
■ 東證中型400指數
■ 東證小型指數
■ 東證小型成長指數
■ 東證小型價值指數
■ 東證不動產投資信託指數

-70 -60 -50 -40 -30 -20 -10　0　10　20　30　40　50　60　70　80　90 100 110 120 130 140 150
　　（%）

出處：東證

前一年，當時股市市值不僅大幅下滑，且日本高成長新興股票市場指數還大幅下探。

不過從安倍政權上台的 2012 年開始，隨著日圓貶值，所有指數又回到正數。然後在 2013 年大幅上升，其中高成長新興股票市場指數和日本新興企業取向市場指數更是顯著。這段時期因為安倍經濟學政策推行讓日本股市大幅上漲，尤其小型股的上漲趨勢特別明顯。

從圖表來看，高成長新興股票市場指數曾顯示「在日經平均股價指數或東證股價指數下跌時，下跌幅度更大」的情況；也顯示「在日經平均股價指數或東證股價指數上漲時，漲幅更大」，以及「反向下跌」的情況，由此可知該指數與其他指數不同，具有獨自變動的特性。因此，透過購買高成長新興股票市場指數，等於買進小型股或高成長新興市場股票來做避險，對投資來說非常有助益。此外，高成長新興股票市場指數包含許多新上市的公司，這些股票會隨事業擴大而移至東證二部或東證一部上市，但還必須注意高成長新興股票市場指數不如日經平均股價指數能做回顧比較。

然而，因為近幾年不動產投資信託（REIT）的討論度大增，比起股票指數的回饋，配息率高的 REIT 指數從地方銀行等金融機構到散戶間的人氣都在增加，最顯著的就是在 2010 年、2012 年和 2014 年。

5 指數股票型基金
與股市
近年最難忽視的存在

▎市場已有超過 200 檔的 ETF

　　近年的股市中，最難以忽視其存在的就是指數股票型基金（ETF）。

　　指數股票型基金是在證券交易所上市的指數型投資信託。所謂指數，就是像日經平均股價指數或東證股價指數那樣，表現市場整體價格變動之方向。

　　2016年12月時，於東京證券交易所上市的指數股票型基金計有205檔[1]。看下頁圖表5-4可知，指數股票型基金的數量確實在增加，交易額也變大了，也確實提高了市場的流動性。而作為連動指標的指數也很多樣，不只有前面提到的

1　台灣目前已有超過120檔ETF上市。

日經平均股價指數或東證股價指數這種代表日本的指數，還有國外的指數、甚至是與黃金等期貨連動的指數。指數股票型基金的上市種類實在類型多到難以計量，但是會影響股市且於近年受到矚目的，是「反向ETF」。

舉例來說，與日經平均股價指數對作的反向ETF，在該指數下降20％時，反而在市場的交易價能上漲20％。相反地，如果日經平均股價指數上漲20％，反向ETF的交易價就會下滑20％。注意到這個結構關係的投資人，當發現指數好像即將下滑時而購入反向ETF的情況也增加了。

順帶一提，所謂「反向槓桿2倍ETF」，是在一般的反向

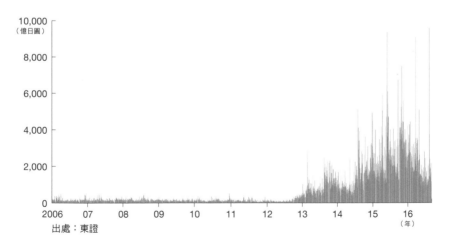

圖 表 5-4　2013年開始急速增加
——ETF 的交易額

出處：東證

型再加上槓桿，以非常簡略的方式來說的話，例如日經平均股價指數下滑20％，則「反向槓桿2倍ETF」的交易價為下滑率的一倍，也就是上漲40％[2]。因為是槓桿商品，以少量資金投資就能得到跟以更多資金投資相同的效果。這種帶有極高風險、高報酬結構的反向槓桿ETF，因為對追求短期投資效益的散戶投資人非常有吸引力，所以在東京證券交易所上市的ETF中，交易量壓倒性地多。

在思考指數股票型基金對股市的影響時，最需注目的就是這種反向槓桿ETF。

▊ 反向槓桿 ETF 的機制

ETF為與對應指數的價格連動之金融商品，舉例來說，與日經平均股價指數連動的ETF，是投資與該指數連動的股票組合。如果是槓桿型或反向型，投資對象就會變成期貨。當對應指數的數值變動，為維持與對應指數的連動，其價格也會有所調整。如反向槓桿2倍ETF的交易價格，是以對應指數的前一日的收盤價，維持與其反方向兩倍調整的結構。以下以日經平均股價指數作為ETF之對應指數來說明。

日經平均反向槓桿2倍ETF為維持與日經平均股價指數

2 　此處之數字，是假設不計入費用及交易成本狀況下的預期報酬率。

的連動，ETF的資產管理公司會以其持有資金規模的2倍金額，做賣空日經平均股價指數期貨之布局。如果ETF的淨值總額為400億日圓，就會賣空相當800億日圓的日經平均股價指數期貨。期貨和有價證券不一樣，因為能隨著保證金的多寡來交易高於原有資金數倍金額的期貨，所以有這樣的操作可能性。

這種操作對股市帶來的影響將會成為一大問題，收盤前將當日的損益作為期貨倉位的調整，也就是不論行情漲跌，在收盤前反向槓桿ETF的買賣都會出籠，進而影響市場整體。

還有一個問題是，連動性失去效用。實際上ETF因為設計成會與對應指數的前一日之報酬率（％）做連動，投資期間越長則與對應指數的連動性將有遞減特性（對槓桿型和反向型通用）。

什麼是「連動性遞減」？讓我以反向型ETF的例子說明。首先，原本第一天15000點的日經平均股價指數上漲10％，變成16500點，此時淨值400億日圓的日經平均股價指數反向型ETF就會減少10％的價值，變成360億日圓淨值。第二天，原先是16500點的日經平均股價指數又上漲10％，來到18150點，此時360億的淨值又會減少10％，變成324億日圓。綜合兩天的結果來看，當原本是15000點的日經平均股價指數變成18150點，總共上漲了21％，所以你

也許會認為ETF的淨值也會跟著減少21％，但其實400億日圓變成324億日圓的話，只減少了19％。這在對應指數下跌時也會出現一樣的狀況，槓桿型ETF也會產生同樣的差異。假設日經平均股價指數總共上漲21％，那麼反向槓桿2倍ETF應該會下跌42％，但淨值卻是從400億變成256億（400-80-64），減少幅度為36％。這是投資ETF的人應該知道的事，這個方法與複利的狀況很相似。

這樣各位讀者應該能理解什麼是連動性遞減。如果要我以實際的投資建議來說，進入2016年後，與日經平均股價指數或東證股價指數連動，甚至是反向（包含槓桿型）為操作的ETF幾乎都失去效用。舉例來說，2016年初的日經平均股價指數為負4％，此時的反向型ETF應為正4％、反向槓桿2倍ETF應為正8％的績效表現，但實際上卻分別為負7％和負19％，大幅偏離原本應該有的績效表現。因為這些金融商品完全無法達成避險效果，我衷心地建議投資人必須當心。

6
異常現象與股市
重要的經驗法則

▌ 以統計學角度，勝率未必不高

　　所謂股市中的異常現象（anomaly），指的是「難以找出為何會如此演變的根據，但因為長期觀察下來市場好像有這樣的運行規律」。當然如果有讀者說這幾乎是種迷信，我想我也不會反對。

　　舉例來說，最近在日本股市常聽到「五月拋」（Sell in May）的說法，其實這句話是從美國股市傳來的，並非日本自古以來就有的。歐美股市會相信「五月拋」這說法，除了這段時期是避險基金的結算集中期，又因為歐美從 6 月至 10 月有許多市場相關人士會開始一段夏季長假，導致市場參與者減少、交易量降低。順帶一提，「五月拋」這句話的完整句子是：「五月拋，趕快跑，別在聖萊傑日前回來」（Sell in May and go away, don't come back until St. Leger day.）。聖

萊傑日是每年9月的第二個星期六，所以這句話是指從5月到8月底，市場下跌機率高。

那麼，日本股市也適用這個異常現象嗎？我們來實際看看日本股市過往5月至8月底的資料（圖表5-5）。

如果根據這個異常現象來交易的話，勝率大概七成。

日本多數上市公司在3月就是結算末期，而5月則是發表正式結算與下一期的公司預估。做出樂觀業績預測的公司，之後可能會因業績向下修正而面臨股票被拋售的窘境，所以多數公司都會持保守態度提出業績預測。這也是日本股

圖 表 5-5　2013年開始急速增加

2007年	▲5.6%	8月法國巴黎銀行關閉避險基金事件和美國的次級房貸問題浮現
2008年	▲8.9%	雷曼兄弟事件的前兆
		期貨價格達到高峰；6月開始小型股大暴跌；8月日本不動產公司Urban Corporation破產
2009年	7.2%	
2010年	▲15.9%	歐元危機。閃電崩盤、道瓊工業平均工業指數於數分鐘內就創下最大跌幅交易紀錄
2011年	▲11.0%	8月海外股市大暴跌；美國景氣堪慮、歐洲債務問題更加嚴重
2012年	▲7.7%	日圓持續升值；希臘大選由反財務緊縮派取得勝利
2013年	▲4.1%	5月因柏南奇言論使股市急速重挫
2014年	8.1%	
2015年	▲2.4%	因人民幣貶值使中國風險問題浮現
2016年	2.3%	

市具有在5月接近高峰的其中一個理由，因為公司的業績預估都比較保守，所以讓股市接近市場高點。

　　雖然本書使用的是過去的數字，但從1990年開始東證股價指數5月至8月底的漲跌率，27年間的勝率大約四成。與過去相比，我認為最近更有相信這個異常現象的傾向。背後原因，除前面提到的偏保守的公司業績預測，還有買賣日股的投資人有六成是海外投資人，他們比日本人更相信這句話，加上8月有夏季長假，所以會在這之前就關閉倉位，並且加上隨著市場的流通性降低、系統交易等之影響而形成極端的股價等諸如此類的原因。

　　此外，如今海外投資人的買賣比例占六成以上，但在九〇年代大約是一成。當時的投資人比現在更平均分散，這也是不太受此異常現象影響的原因。

　　前面圖表所記錄的十年間5至8月的數字，因有各種事件導致股市下跌，而那些事件與季節並無相關性。

　　雖有資料紀錄，但這裡只呈現東證股價指數等日本股市的整體結果。如果要我以一位專業投資人的角度來給投資建議的話，我認為這段時期可視為能以便宜價格，投資突然下跌的超值股之絕佳時機。

與基金的決算期也有關係

在股市中類似的異常現象還有很多，下面介紹幾個。

- **節分天井彼岸底**：節分（2月，日本立春前一天）會
  碰到高點，彼岸（3月中旬至下旬，日本掃墓祭祖的
  時節）會觸到低點。
- **1月效應**：如果1月行情走升，這一整年的行情都會
  呈現上漲趨勢。相反地，如果1月的行情以下跌作結，
  一整年的行情都會走跌。
- **辰巳天井，午落下**：這句話的大意是：龍蛇年天花板，
  午馬年見地板。如以天干地支來看股市，有這樣的經
  驗法則。
- **2號開市，行情差**：如果當月的第一個交易日是2號，
  市場行情就會不好。雖然實際上沒有這樣的傾向，但
  這句話在日本股市很有名。
- **10月股價暴跌**：據說在美國股市這個現象特別明顯，
  過去就曾實際發生以下幾次暴跌。

  ◆ 1929年10月：經濟大蕭條（黑色星期四）
  ◆ 1973年10月：第一次石油危機

◆ 1987年10月：黑色星期一[3]

◆ 1998年10月：長期資本管理公司倒閉

◆ 2008年10月：雷曼兄弟事件後的影響

因為歐美基金多於11月或12月作結算，所以秋天是基金關閉倉位整理財報的時間，因此也被認為是影響的因素之一。此外，如從上述邏輯來看，則9月也是必須注意的時期，歷史上在9月曾有以下崩盤事件。

◆ 1985年9月：廣場協議[4]

◆ 1992年9月：黑色星期三[5]

◆ 2001年9月：911恐怖攻擊事件

◆ 2008年9月：雷曼兄弟事件

• **周一股價跌**：如果在假日出現負面消息，周一一開市

3　指1987年10月19日星期一的股災，事故發生在香港，然後向西傳播到歐洲，最後襲擊美國。當日全球股市在紐約道瓊平均工業指數帶頭暴跌下全面下瀉，引發金融恐慌及隨之而來的經濟衰退。

4　美國、日本、英國、法國及德國的財政部長和央行行長於紐約的廣場飯店會晤後，在1985年9月22日簽署的協議。目的在聯合干預外匯市場，使美元兌日圓及德國馬克等主要貨幣有序性地下調，以解決美國巨額貿易赤字，從而導致日圓大幅升值。

5　指1992年9月16日英國保守黨政府因無力維持英鎊的匯率下限而被迫退出歐洲匯率體系。

就會出現賣股股潮。

- **4月股價漲**：據說因為是新年度[6]的關係，4月是一年中股市最容易往上竄高的時期。此外機構投資人也會因為是新的年度開始，會重新分配資金於股市。
- **夏季行情低迷**：指7、8月市場交易量低，這個時期碰巧也是多數日本企業休暑假的時候，所以市場參與者減少，有成為「窄市」[7]的可能性。

　這些異常現象不過是過去的是經驗，並不保證一定會發生。因此，不要把這些異常現象當成進行投資交易的主要理由憑據會比較好。不過在知道市場會有這樣的傾向之後，也能在投資時當成判斷之參考。

6　日本的新學期、新年度，都始於4月。
7　narrow market，由於市場參與者少，因此輕微的供需變化就會給市場價格帶來相當大的波動。

CHAPTER 6

撼動股價的人們
UNDERSTANDING THE STOCK MARKET

1 參與股市的成員
大家的錢，都在股市循環

▎ 壽險、年金、存款，都有部分在股市流動

應該有不少人覺得「股市是與我無關的地方」，毫無股票投資經驗的人，更容易這麼想。

不過，其實股市是跟每一個人都非常貼近的地方。

即便沒投資過股票，應該還是有很多人投保壽險吧？日本是保險大國，想必更是如此。

所謂壽險，是把從投保人手中付出的保險費先存起來，作為將來支付保險金的準備。但是如果是才剛投保不久的人發生必須理賠的情事，保險公司就得支付比投保人已繳交的保險費更高額的保險金。

當然，因為有更多投保人已繳交保險費，所以支付上是沒有問題的，但如果所有投保人都在剛開始繳費時就發生必須支付理賠的情框，光用投保人所繳交的保險費來支付理賠

保險金是不可能的。以機率來看，這樣的事幾乎不可能發生，但就邏輯來看是合理的。

因此，保險公司會將已從投保人手中收到的保險費做其他投資運用。投資運用的方式有許多形式，除了和銀行一樣從事貸款業務之外，還有不動產投資、國內股市投資、外國債券投資、購買日本公債等，分散投資在各種資產類別。

此外，大家都有加入的年金，也和股市有著密切關係。

在企業工作的人，基本的年金基礎有國民年金加上厚生年金，從事自營業的人則只投保國民年金。然後每月會從薪水中扣除支付年金的保險費，這筆錢也和壽險一樣，會以各種形式進行投資運用。順帶一提，從日本國民身上所募集到的年金保險費，是由「日本政府年金投資基金」（Government Pension Investment Fund，GPIF）來做投資操作。

大家都有在銀行開戶吧？銀行，對大多數人來說是離自身最近的金融機構，我想應該有不少人從孩提時代就聽父母說：「我幫你把壓歲錢全都存起來了。」

銀行也是將大家存入的存款，運用在對企業融資或個人房貸、發行公債等的債券、發行不動產投資信託，或者投資股票與外國債券等方面，進行各種資產投資組合。而投資在上述這些標的對象後所得到的收益，可用來支付存款的利息。

很多人應該沒有預料到，只是投保年金或壽險，甚至只是去銀行存款，這些屬於自己的資產之價值，竟會受到股市

的動向所影響。

但是，只要年金、壽險或銀行存款是如此與股市連結，投保年金或壽險的人，還有銀行存款戶就不可能完全不受股市的動向所影響。假設股價下跌，不僅會造成年金的支付本金減少，就壽險來說也因為投資績效變差，導致投保人的保費負擔加重。甚至存款利率也會有調降壓力。

不過雖然在現實面上會有影響，但對投保年金或壽險的人以及銀行存戶來說，基本上並不會受到股價下跌的直接影響。

簡單來說，現在的社會已經不是「因為我沒從事股票投資，所以股價下跌和我沒關係」的狀態。只要身為年金或壽險、存款的最終受益人，就等於直接或間接地參與了股市（下頁圖表6-1）。

本章內容將為各位讀者介紹參與股市的成員，但在一開始我想讓大家知道，其實「你也是股市的其中一位參與者」，我想這樣將能讓大家更了解自己的錢，是如何在社會中循環的。

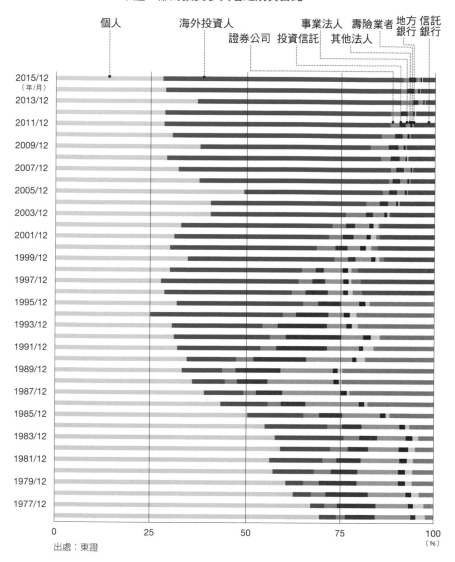

圖表 6-1　多數金融機構都直接、間接地參與股市
——東證一部的投資參與者之購買占比

個人　　海外投資人　　　事業法人　壽險業者　地方　信託
　　　　　　　　　　　　　　　　　　　　　　　銀行　銀行
　　　　　　證券公司　投資信託　其他法人

| 2015/12
（年/月） |
| 2013/12 |
| 2011/12 |
| 2009/12 |
| 2007/12 |
| 2005/12 |
| 2003/12 |
| 2001/12 |
| 1999/12 |
| 1997/12 |
| 1995/12 |
| 1993/12 |
| 1991/12 |
| 1989/12 |
| 1987/12 |
| 1985/12 |
| 1983/12 |
| 1981/12 |
| 1979/12 |
| 1977/12 |

0　　　　25　　　　50　　　　75　　　　100
　　　　　　　　　　　　　　　　　　　　　（%）

出處：東證

2 散戶投資人

以新興企業為中心，
目標是短期獲利

▌ 日本散戶偏愛投資新興企業

散戶投資人目前有多少人？

根據2016年6月，日本交易所集團公布的「2015年度證券分布狀況調查」結果，參與股市的散戶投資人數與前年度相比增加362萬人，來到4944萬人。[1]

因為這個數字是累積人數，假設一位散戶投資人平均擁有3家公司的股票，那麼實際的散戶投資人數量就會是前述數字的三分之一，也就是1648萬人（可惜的是，上市公司

---

[1] 根據《經濟日報》2021年1月29日報導，集保結算所大數據分析全市場（含證券交易所及櫃檯買賣中心）資料顯示，2019年台股新鮮人增加34萬人，但2020年一舉新增67萬人，增幅翻倍。參與證券市場投資人總數達到1078萬人，占全台灣人口高達46%。

間的散戶投資人無法記名，所以本次調查公布的數字為累積人數）。

那麼，日本的這些散戶投資人在股市裡占有多少比例？本次調查也公布了散戶投資人的股票持有率。調查結果顯示，散戶投資人占整體股市的17.5%（90兆7703億日圓）。

至於散戶投資人在交易額方面，根據「投資部門別買賣狀況」2016年11月第五周的數字，股數基準如下。

- 東證一部市場：25.5%
- 東證二部市場：74.9%
- 東證高成長新興股票市場：70.5%
- 東證日本新興企業取向市場：75.7%

看到以上數字，各位就清楚知道日本散戶投資人的主戰場在哪了。

比起東證一部的上市公司，也就是所謂的大型股，他們更傾向投資東證二部市場或東證高成長新興股票市場，抑或東證日本新興企業取向市場這些以中小型股為主的新興企業股票。雖然這是2016年11月第五周的數字，但事實上就算過了一年，這個傾向也幾乎沒什麼改變——散戶投資人偏愛投資新興企業。

近年來，日本股市中的機構投資人好像變少了。所謂機

構投資人是指壽險公司或年金、投資信託這些以企業名義來進行投資的單位，而最近的股市有著依「題材」而大幅變動的傾向，這也是我推論機構投資人相對上變少的理由。

3 壽險公司
無聲的大股東

▌ 因對投資對象的管理而再次受矚

如同前面所提到的,壽險公司會將投保人的部分保費運用於投資中。而實際上壽險公司究竟對哪些標的,進行了何種程度的投資呢?且看2015年度「日本壽險事業投資概況」的數字後,得知2016年3月底時記載的有價證券明細表。根據此表,可見日本41家壽險公司的投資總金額如下[2]。

- 公債:148兆5685億日圓(49.4%)
- 地方債券:13兆5179億日圓(4.5%)
- 公司債券:25兆2635億日圓(8.4%)

---

2 台灣的相關資料,可上保險業公開資訊觀測站網站查詢:https://ins-info.ib.gov. tw/customer/announceinfo.aspx

- 股票：19兆8130億日圓（6.6％）
- 外國證券：78兆6532億日圓（26.2％）
- 其他：14兆6074億日圓（4.9％）

　　這些只是壽險公司所持有的有價證券總額。壽險公司除了以上的資產外，還有36兆8103億日圓的貸款。此外還運用了大量資金於活期貸款（call loan）和金錢信託（money trust）[3]，其投資利潤在2015年度為1.92％。

　　壽險公司的投資模式，和做當沖多的散戶投資人相反，主要以長期持有為前提投資。

　　壽險公司投資股市最大的理由是避免通貨膨脹所帶來的風險，壽險因是與投保人建立長期的保險合約，而因為這段期間還是會持續通貨膨脹，所以保險金的現金價值有減少之風險。

　　舉例來說，當因安倍經濟學政策而宣告的「2015年後，消費者物價指數年上升率為2％」如果兌現，二十年後的消費者物價指數將會上升超過42％。也就是說，如果收到的保險費未用於任何投資而只是保有現金，其現金價值將會減少超過42％。如此一來就無法呈現保險公司該有的機能，

3　指信託行為生效時，委託人交付給受託人之信託財產為金錢者，譬如經由信託投資國內外基金，即是最常見的金錢信託。

壽險公司便是像這樣為對抗通膨風險，透過投資股市做資產管理。

雖然壽險公司是以這種極長期的模式來做投資，但現在保險公司在股市有個新角色。

過去對於股票發行公司都不太發表意見的壽險公司，接下來發表意見的案例將會增加。也就是根據「機構投資人盡責管理守則」（Stewardship Code），作為有附帶責任的機構投資人，為了被保險人這些最終受益者，透過股份對所投資之公司的經營方針表示意見。

「機構投資人盡責管理守則」是為了檢討金融機構未充分監督所投資之公司的經營狀況，導致如「雷曼兄弟破產事件」所造成的嚴重金融危機，於是英國制定了機構投資人應遵循的原則。

該守則由機構投資人應執行的七項原則所構成，儘管沒有法律約束力，但為了提高被投資公司的企業價值讓受益人的回饋最大化，根據各原則可要求公司解釋為什麼不遵守原則的理由。當這樣的監管呼聲在世界上有越來越高的趨勢之下，原本無聲的大股東——也就是壽險公司，就必須盡責執行。

至於前述提到的2015年度「日本壽險事業投資概況」，日本41家壽險公司的股票持有金額總計是17兆8477億日圓，和散戶投資人的90兆7703億日圓相比，可說非常的少。

過去日本的壽險公司，就連在國外股市也有壓倒性的存在感，但最近看來包含壽險公司在內的機構投資人，存在感則有年年下降的趨勢。

4 — 投資信託公司
在股市的買賣占比不高

▌ 集資後進行多樣投資

投資信託基金是以個人為中心的投資工具，將募集來的資金再創設基金，然後運用基金分散投資國內外的股市或債市。舉例來說，如果以一人10萬日圓的標準向1000人募集資金，就能創設1億日圓的基金。

手上只有10萬日圓的人就算想做股票投資，能購買的標的也有限，要分散投資數個標的則更是困難。但是，若向1000人募集每人10萬日圓資金，能運用的資金規模就有1億日圓，如此一來也就能分散投資在各種標的上。

雖然都叫作「投資信託基金」，其實還是有各種不同種類。投資信託基金會隨「組合」使商品內容有巨大變化。舉例來說，只以日本股票做投資組合，則風險報酬的特性就以日股為標準；只以美股為投資組合的話，風險報酬的特性就

以美股為標準。[4]

　　如果投資的不是股票而是債券，該投資信託基金的表現就會受匯率、利率、債券市場的動向所影響。

　　投資信託基金不只投資國內外的股票、債券和不動產投資信託這些有價證券，還會以黃金或原油等期貨作為投資對象。不過此節為介紹身為機構投資人的投資信託基金對股市擁有什麼樣的影響力，僅以日股為投資組合的日本股基金來說明。

　　投資信託基金，到底是以何種程度的資產規模來持有日股？以「2015年度股票分布狀況調查」來看，到2016年3月時，投資信託基金的日本股票持有額為28兆8825億日圓（占整體規模的5.6%）。

　　至於投資信託基金所占的交易額比例，根據「投資部門別買賣狀況」11月第五周的數字，股數占額如下。

- 東證一部市場：2.5%
- 東證二部市場：0.3%
- 東證高成長新興股票市場：0.7%
- 東證日本新興企業取向市場：0.4%

4　台灣投資信託公司總表：https://www.yesfund.com.tw/w/wp/wp00.djhtm

不管在哪個市場，投資信託基金在整體交易額中所占比例都不高。

投資信託基金也和壽險公司一樣，以日股為投資組合時，是以長期持有為前提。多數的日本股基金，選擇組合標的時都會以基本面分析（Fundamentals Analysis）為基礎，且管理投資組合的基金經理會以一定基準過濾後的投資標的為中心，親自拜訪公司並訪問財務長或經理人，最後才判斷是否投資。

看到「基金經理」一詞，應該有人會浮現坐在一張有多個螢幕的桌子前，在市場交易時間會頻繁下令指示買賣的印象，但操作年金或投資信託基金的基金經理，並不會那麼頻繁且反覆地提出交易指令。也許在市場交易時間會注意市場是否有大變動，除此之外他們多半將時間花在訪問公司、分析可能的投資對象等。換句話說，他們通常不會對市場的每日變化做反應，頻繁進出市場。

再者，應該有散戶投資人對像投資信託基金這麼大型的資金進入股市後，會對股價造成什麼樣的影響懷有期待。

在2005年時常有「看來明天，又會有新的投資信託基金帶來相當龐大的資金」這樣的傳聞，投資人若對傳聞有所反應而進場購買，股價就會出現變化。雖然縱使投資信託基金的總資產額不大，也會對股市造成影響，但最近以大型股的股價來說，投資信託公司其實沒有造成太大影響。

不過，對以小型股為投資標的的投資信託公司來說，可就不同了。總資產1000億日圓以上的以小型股為主的投資信託公司，有時還會因為是前幾大標的的主要股東而出名。也就是當投資信託公司買進時，該標的股價會走升，後因解約等原因賣出時，該標的則有股價下跌趨勢。我們可以在當「○○投信對△的大量持股報告書出爐了」這樣的消息出現後，計算該投信花了幾億元投資該標的，然後將金額分割為五天，然後再計算出該金額是該投資標的過去一個月中，一天交易價的百分之幾。如果是25％以上，隨著該投資信託基金的購買而使股價上漲的可能性就會很高。因此，只是聽聞消息就出手購買的話，將無法得到供需上的正面效果。貿然出手進場是很危險的事。跟購買時有同樣影響的，還有當總資產金額大的以小型股為主投資標的之投資信託公司，在賣出前幾大標的的股票時股價會有下跌傾向。這也是為什麼當以小型股為主要投資標的的投資信託公司規模變大後，獲利會變少。

5

年金
對未來的股價影響有限

█ 2014 年後成為大買主

在日本管理與操作養老金和國民年金資產的單位是「日本政府年金投資基金」。到 2016 年 9 月底，該基金資產總額為 131 兆 751 億日圓，是世界最大級的年金基金。[5]

因為年金基金事關對國民來說相當重要的老後資金，原本是以保守的資產組合為主，但從 2013 年 6 月開始產生轉變，更在 2014 年 10 月後提高為更有風險的資產組合比例（下頁圖表6-2）。

拿 2014 年 10 月以前的基本資產組合與現狀做比較後可看到，短期金融資產從 5％降為 0％，國內債券的組合比例

---

[5] 2019 年的資料顯示，該基金規模已達 1714 兆 4 億 3750 日圓：https://www.willistowerswatson.com/ja-JP/News/2020/09/PI-300-2020-PR

從60％大幅下降到35％，然而國內股票和國外股票的組合比例大幅上升。

從金額面來看，2014年9月底時投資日股的資產規模為23兆8635億日圓，但在2015年3月底來到31兆6704億日圓；2015年12月底更是增加到32兆6491億日圓。僅經過一年二個月，購買日股的資金規模就增加了8兆7836億日圓。

圖 表 6-2　國內債券占比大幅減少
——「日本政府年金投資基金」基本投資組合的變遷

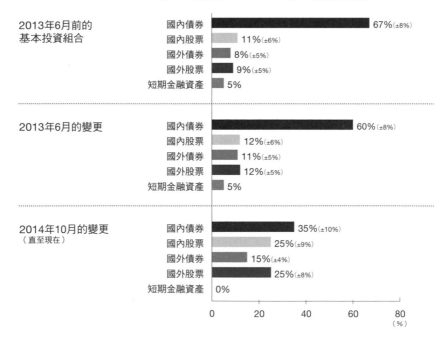

2014年10月的日經平均股價指數為16000點,但在2015年8月上升到20000點。箇中原因,就是「日本政府年金投資基金」購買日股的關係。

不過,「日本政府年金投資基金」所購買的日股組合比例有25％的上限。在2016年9月,日股組合比例為21.59％,距離上限只剩3.41％的購買餘力。購買日股組合比例上限雖為25％,但還有個「正負9％」的附帶條件,所以實際上能購買的比例為25％加9％,也就是34％,但這個部分我們可以理解為「預防日股大幅下跌,留有購買餘力」。

至於「日本政府年金投資基金」購買的日股,並非由「日本政府年金投資基金」直接買入投資公司的股票,而是透過第三方的資產管理公司進行。但針對這點,現在已有是否經由「日本政府年金投資基金」直接投資的討論聲浪。[6]在投資方面有主動投資(active management,以提高指數為目的的投資管理)和被動投資(passive management,跟隨指數的投資管理,成本較主動投資少)二種,而日股投資有86.71％為被動投資。

---

6 根據《今周刊》2020年7月16日的報導:規模超過新台幣4兆元的勞動基金(含新、舊制勞工退休基金、勞工保險基金,以及國民年金基金等),是由勞動部勞動基金運用局的一群公務員負責投資。這筆龐大基金,自行運用與委託外部機構經營的比例各半,但即使是委託經營的資產,勞動基金運用局還是要負起監理責任。

2015年，「日本政府年金投資基金」購買日股成為市場話題，但如同前述也逐漸接近購買上限。從這點來看，也許該考慮是否該放寬購買日股的上限，又或者不開放直接投資這樣才能保證對市場的影響有限。不過當股市和債市出現動盪的話，就會有重整投資組合的必要性，特別是當股市下跌（股票的估值下滑）時，進場購買的買家總是會成為市場話題焦點。

6 日本銀行
鴨子划水般
一年購入6兆日圓

▌ 透過指數股票型基金購買日股

　　和「日本政府年金投資基金」一樣，在2015年後以日本股市為投資重心的還有日本銀行（日本的中央銀行）。

　　日本銀行投資日股時，是透過指數股票型基金（ETF）進行。依年分觀察日本銀行的ETF購買金額，表列如下。

- 2010年：284億日圓
- 2011年：8003億日圓
- 2012年：6397億日圓
- 2013年：1兆953億日圓
- 2014年：1兆2845億日圓
- 2015年：3兆694億日圓

• 2016年：3兆6400億日圓（11月底）

可明顯看到2015年開始日本銀行的ETF購買金額急速增加（下頁圖表6-3）。2016年11月底達3兆6400億日圓（2015年1月至11月底的ETF購買金額為2兆811億日圓），已經超過2015年的購買金額。之後日本銀行在7月的金融政策研討會中決議，ETF的購買金額一年為6兆日圓，增加為過去的一倍。

這樣一來，從2010年至2016年11月底約7年時間，日本銀行購買的ETF總額高達10兆5576億日圓。此外，如同第183頁圖表5-4所呈現的，ETF的交易額這幾年顯著增加，在東證上市的ETF淨值總額至2016年11月底已達19兆3294億日圓，而其中有半數以上的持有者是日本銀行。

其實在9月的日銀金融政策研討會就決定了ETF的全年購買額6兆日圓中，3兆日圓如過去一樣購買與東證股價指數、日經平均股價指數、日經400指數（JPX400）連動的ETF；2.7兆日圓購買和東證股價指數連動的ETF，增加購買與東證股價指數連動的ETF比例。

在此之前，與日經平均股價指數相關的ETF購買額較多，NT倍率（以東證股價指數除以日經平均股價指數的指標）會持續上升的原因，一般認為是受到日本銀行購買ETF比例的影響（參考下頁圖表6-4）。但是隨著方針改變，未來

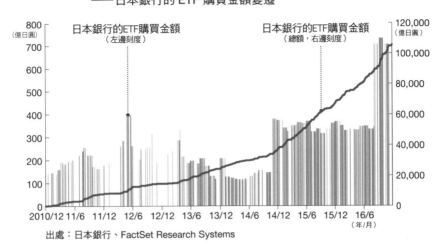

圖 表 6-3　購買的 ETF 總額超過 9 兆日圓
——日本銀行的 ETF 購買金額變遷

出處：日本銀行、FactSet Research Systems

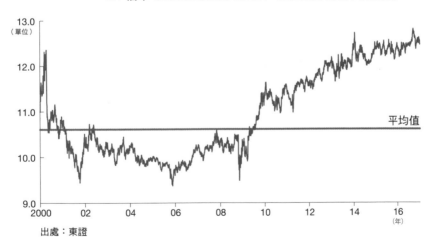

圖 表 6-4　急速上升的理由是日本銀行購買 ETF
——NT 倍率（東證股價指數除以日經平均股價指數的指標）之變遷

出處：東證

與日經股價指數相關和東證股價指數相關的淨值總額差將會縮小，就算是非囊括在日經平均股價指數的股票，若是屬東證股價指數內的也有被購買的可能性。

因日本銀行購買ETF而使股價上升的效果是事實，也是原本寬鬆貨幣政策的一環。換句話說只要日本銀行購買ETF，其資金就會進入股市，而資金量增加就能收到經濟增長效果。

過去，日本銀行幾乎沒有透過購買ETF這種風險資產來進行貨幣政策的案例，因此外界將日本銀行購買ETF或不動產投資信託基金進行的寬鬆貨幣政策稱為「非典型寬鬆貨幣政策」。自2010年「非典型寬鬆貨幣政策」進行至本書寫作的現在，已經過了約七年，而日本銀行持續在購買ETF。

現階段由日本銀行購買的ETF金額，雖然決議為每年6兆日圓，但並未設定總額。

因此只要日本銀行不停止「非典型寬鬆貨幣政策」，就等於每年都會默默購買6兆日圓規模的ETF。假設每年上限是6兆日圓，每月購買金額就大概是5000億日圓。如同前一節提到的，「日本政府年金投資基金」對於購入日股的資本比例是固定的，而且也幾乎接近上限，所以日本銀行透過ETF購買日股的行為，今後也將繼續。

7 銀行
每年降低持股比率

█ 往股票持有率更少的方向前進

1985年時，日本的都市銀行和地方銀行加起來，股票持有率為20.9％。到了2015年，只剩3.7％（根據2015年度股票分布狀況調查）。

為什麼會如此激烈地調降持有比例，最大的理由，一般認為是銀行與一般公司法人之間不再進行交互持股。

股票的交互持股指上市公司間互相持有彼此股票。1964年經濟不景氣時[7]，日本企業為防止被外資企業併購，因此藉由銀行幫助開始一連串的動作。結果銀行的股票持有率從1970年的15.8％，上升到1985年的20.9％。

7　指1964年後半至1965年的經濟不景氣，漢字寫作証券不況、証券恐慌、四十年不況（昭和四十年不況）、構造不況，這段時間是戰後日本景氣循環的第五循環低谷的部分，第五循環的景氣巔峰為1964年10月，景氣低谷為1965年10月。

可惜的是，雖然保護企業不被併購的目的會收到一定成效，但隨著股票的互相持有繼續進行，其中弊害也變得顯著。

舉例來說，因為「無聲的大股東」之比例提高，股東大會中隨表決權而來的監控作用變得有名無實，公司治理（Corporate Governance）的阻礙也隨之而來。更因為利弊一致的人身為大股東且互相持有股票，就算在股東大會上對公司方提出嚴厲意見的股東，聲音都會被無聲的大股東給抹滅，這樣下去就不可能實行所謂健全的公司治理。

此外在泡沫經濟破滅後，隨著企業價值從歷史成本（Historical cost）轉為公允值計算，持有業績差的公司之股票，對企業經營面來說也成為相當大的風險，這個理由也成為交互持股的缺點而受到關注。

由於以上原因，在2000年以後，不再互相持有股票的行動愈加普遍。

除此之外，2015年9月日本金融廳公布的《平成二十七事務年度金融行政方針》中，記載了三大銀行巨頭得減少手中交叉持股的必要性。

內容如下。

三大銀行集團，與歐美的全球系統重要性金融機構（G-SIFIs）相比，由於交叉持股比例高，導致無法忽視股價下跌時對自有資本所帶來的影響。因此為提高對經濟或市場

變動的耐受性，以及遇上壓力時能充分發揮金融仲介機能，必須縮減股價變動風險。

三大銀行集團，在先前提出的公司治理報告書中公布了交叉持股的相關方針。為使交叉持股朝縮減方向進行確實進展，將與金融機構進行深度對話。此外，也會針對三大銀行集團積極進行交叉持股是否是為了保有在公司經營面向的優勢地位，也會透過邀請企業舉行相關聽證會確認。

如此一來，銀行互相持股的現象應該會趨緩。目前，銀行幾乎就是股市中的主要賣家。雖然在供給面上會造成股價下跌的壓力，但隨著銀行巨頭陸續釋出持股，如果市場中有人承接這些釋股，對股價就只會有輕微影響。而那會是散戶投資人、「日本政府年金投資基金」、日本銀行抑或其他投資主體，我們不得而知。但如果只有散戶投資人承接，除非市場買氣很強，否則將難以期待出現買方優勢。因為「日本政府年金投資基金」是借助第三方的資產管理公司、日本銀行是透過ETF來購買日股，所以無法鎖定市場中的特定公司，購買這些公司因釋股而流入市場的股票。想讓這件事變得可能，就必須調整制度，讓「日本政府年金投資基金」能直接進行股票投資。不管哪一種，只有能與銀行釋出持股對抗的買主出現，對股價來說才是重要的。

8 外資
以避險基金、主權基金、期貨信託基金等為主

▌東證一部市場七成的占有率

　　各種投資主體中，特別是1980年代後半的泡沫經濟崩壞後，日本股市存在感日趨高漲的，就是外國投資者。

　　泡沫經濟巔峰時期，約占市場4％的外國投資者股票持有率，在1995年進入二位數，隨後也持續增加，到了2015年還上升至29.8％。此外，從投資部門分類的交易狀況看來，外國投資者在日本股市占比相當大。依市場分類來看，外國投資者的交易股數如下（此為2016年11月第五周的數字）。

- 東證一部市場：65.0％
- 東證二部市場：18.4％

- 東證高成長新興股票市場：24.6％
- 東證日本新興企業取向市場：18.1％

　　儘管東證一部市場中的交易量最大，但在東證二部市場、東證高成長新興股票市場或東證日本新興企業取向市場，外資也是僅次散戶投資人的買賣大戶。

　　2012年的海外投資者交易比例減少將近40％，但在安倍經濟學推動後又慢慢上升到六成以上。因為外國投資者在東證一部占有率高，當外資有明顯購買行為時，日經平均股價指數或東證股價指數都會上漲；而他們賣出時，指數就會下跌。圖表6-5是外國投資者金額的交易動向和日經平均股

圖 表 6-5　外國人推動了日經平均股價指數？
　　　　　——外國投資者的交易動向和日經平均股價指數

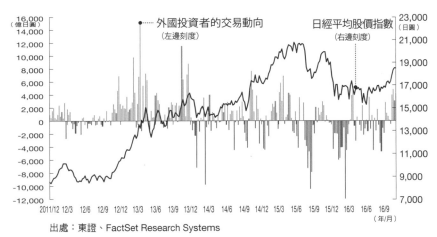

出處：東證、FactSet Research Systems

價指數之變化，由此可看出，外國投資者的交易動向和日經平均指數的漲跌有連動關係。

牛市時買進、熊市時拋售的投資法，真能獲利嗎？也許可將進行這種交易方式的外國人想成是在操作避險基金。在轉跌前做空，賣掉後收短期之效。

根據東證每月公布的外國投資者地區資訊（圖表6-6、下頁圖表6-7、6-8），在金額方面，有七成的外國投資者來自歐洲，美國、亞洲各占15％左右，而亞洲投資者的存在感有逐漸上升趨勢。亞洲投資者中，包含所謂的「和製避險基金」。至於歐洲的投資者主要是主權基金（Sovereign

圖 表 6-6　交易金額最多
　　　　　——歐洲投資者的交易動向（金額和其占整體比例）

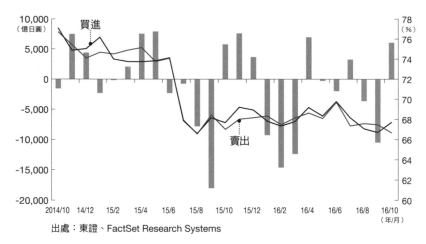

出處：東證、FactSet Research Systems

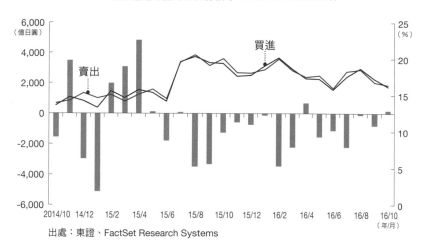

圖 表 6-7 2015年6月後，幾乎賣比買多
——美國投資者的交易動向（金額和其占整體比例）

出處：東證、FactSet Research Systems

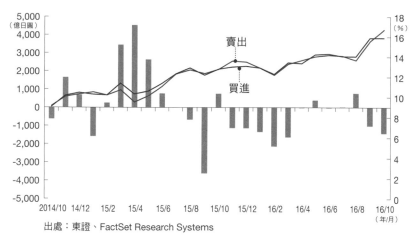

圖 表 6-8 金額方面占整體比例有上升趨勢
——亞洲投資者的交易動向（金額和其占整體比例）

出處：東證、FactSet Research Systems

wealth fund，SWF），也就是外資的購買大戶。另來自美國的投資者從2015年6月開始幾乎沒有買進動作。

饒富深趣的是，散戶投資人與外國投資者採取的似乎是逆相關的行動。牛市時確定獲利、熊市時撿便宜（圖表6-9），投資本來應該是這樣的，但散戶投資人和外國投資者在東證一部的交易額占比差異實在太大，所以散戶投資人的這種行為，對指數的漲跌幾乎不能說會帶來影響。

但各位是否會覺得「外國投資者」好像是看不見的對象？通常提到外國投資者，是泛指避險基金、主權財富基金、海外年金、投資信託基金、商品交易顧問基金等投資者，

圖 表 6-9　看似是逢高賣出、逢低買進，散戶與外資行動卻相反
——散戶投資人的交易動向和日經平均股價指數

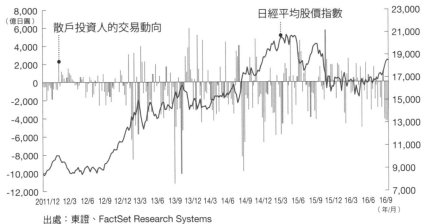

出處：東證、FactSet Research Systems

以下將逐一簡單說明。

避險基金

是指投資國內外的股票和債券、不動產、衍生性金融商品（derivatives）、期貨商品等各種能產生收益的投資標的，並有高自由度的境外基金（offshore fund，也就是設立於逃稅天堂的基金）。多數避險基金投資者都是專業投資人，換句話說，通常不會受理非富裕階層的個人投資者資金。因此，一次的投資金額不如投資信託基金那樣低，通常最少都要1億日圓以上。

避險基金雖有各種操作方式，但就像其名稱，不管是哪種資產管理策略，都與市場動向沒有關係，是以絕對提高收益為目的。以日股避險基金來說，就是購買某些公司的股票然後賣空其他公司；或者交易日經平均指數期貨或東證股價指數期貨的選擇權，在股市下跌時進行對沖。再加上多數避險基金都採用有槓桿效果的管理策略。雷曼兄弟事件前，避險基金的槓桿率還曾經到達基金總規模的10倍以上。但雷曼兄弟事件發生後，這個槓桿比例大幅下降，現在平均落在1.5至2倍。不過槓桿效果大，就有能以少量資金賺取大超額報酬的優勢。相反地，操作失敗的話，損失也會變大。這也是避險基金普遍被視為是高風險、高報酬的基金之由來。

主權基金

如字面所述，可以想成政府為增加國家資產所進行的所有投資活動。

代表性的主權基金有以下幾個。

- 阿布達比投資局（阿布達比酋長國）
- 挪威政府養老基金（挪威）
- 沙烏地阿拉伯貨幣局（沙烏地阿拉伯）
- 科威特投資局（科威特）
- 中國國家外匯管理局（中華人民共和國）
- 新加坡政府投資公司（新加坡）
- 俄羅斯聯邦安定基金（俄羅斯）
- 卡達投資局（卡達）

雖然還有其他主權基金，但其操作本金多數是透過資源及能源的輸出而取得收益，或運用外匯存底。從上述的主權基金所屬國就能得知，中東產油國將其豐富的石油貨幣（oil dollar）運用於主權基金。這些國家是透過輸出石油來豐潤國庫，當石油枯竭時就將資金投注在各種投資活動，操作基金以增加國家資產。主權基金中以輸出資源及能源換取收入為投資本金的話，就會因原油價格等的波動，而影響投資活動。尤其是 2015 年席捲全球的原油價格下跌，使中東產油

國的主權基金之規模縮減，這點大家應該記憶猶新。

海外年金

有名的有美國的加州公務員退休基金（CalPERS）、加拿大的加拿大退休金計畫投資委員會（CPPIB）、前面的主權基金中也提過的挪威政府養老基金，2016年3月底時，各基金資產的管理總額如下。

- 加州公務員退休基金：33兆日圓
- 加拿大退休金計畫投資委員會：24兆日圓
- 挪威政府養老基金：96兆日圓

這些海外的年金基金，不像日本的年金基金是投資個別公司，反而是類似日經平均股價指數那樣以指數操作為主。避險基金、主權基金也是一樣，當可運用的資產規模成為鉅額後，就會有流動性風險（liquidity risk）提高的可能性，所以與其投資中小型股，反而會以大型股的投資為中心。也有部分主權基金會透過日本的資產管理公司來持有中小型股的投資組合，但這並非常態。

期貨信託基金

期貨信託基金（Commodity Trading Advisor，CTA）過

去給人的印象是交易期貨商品的資產管理公司。期貨交易，不僅有黃金等貴金屬或原油等資源及能源、大豆或玉米等食糧這些商品的交易，股價指數、利率等金融商品交易也含括在內，使期貨信託基金隨著五花八門的投資而對股市帶來影響。

此外，最近的期貨信託基金特徵為不由人類做投資判斷，而是利用電腦程式。而且因為交易也由電腦程式執行，不僅能快速做出投資決策，連買賣的執行速度也十分迅速。

近年來，股市中流行所謂的高頻交易，使用高頻交易的投資人就是利用電腦程式的演算法做出交易判斷，然後超速買賣。因為有非常大量的資金在進行高頻交易，有人認為這是讓市場呈現震盪波動的原因，但不可否認的是這些投資人的交易行為，也帶動了市場的流動性。

投資信託基金

提到海外基金，就會讓人聯想到前面介紹過的避險基金、主權基金、期貨信託基金，但還有非常多正統又傳統的投資信託基金。這些投資信託基金中，不只有操作指數的類型，也有依據個股的基本面分析而做是否購買之決定。

9 其他市場參與者
證券公司與「股市大戶」的動向

▌低迷的證券公司自營交易部門

證券公司的角色是接受來自投資人的交易訂單，然後參與市場。這樣的行為稱作「代理業務」，也就是接受投資者的委託，在證券市場交易的意思。

除此之外，證券公司也會使用自身的資金在股市進行交易。這個叫作「交易業務」，證券公司自己持有倉位，透過股票交易為公司賺得利潤。同時，這也是能為股市帶來一定流動性的存在。

觀察各市場中自營交易的買賣股數後，得到以下結果。

- 東證一部市場：14.9％
- 東證二部市場：2.2％

- 東證高成長新興股票市場：3.3%
- 東證日本新興企業取向市場：1.9%

　　觀察上述資料可知，證券公司的自營交易是以東證一部的上市公司為重心。這是因為東證一部的上市公司流動性高，進入證券公司的交易部門後，由於操作的是公司資金的買賣，某種程度上能動用的金額也很大。如果是交易額低的標的，就可能因自家公司的購買而使股價上漲、賣出使股價下跌，所以必須選擇有許多投資人投入的標的來交易，這也是不得不選擇市場最大的東證一部市場為交易重心的理由。

　　不過最近自營交易部門也被迫改變。過去是由專業職人那樣的交易員盯著市場變化進行交易，最近因前面提到的期貨信託基金利用高頻交易進入市場，要像過去那樣判讀數字變化來獲利變得相當困難。要以人腦判斷對抗電腦程式的高頻交易是很困難的，證券交易所為對應高頻交易，導入以千分之一秒為單位進行訂單處理的「箭頭」（Arrowhead）高速處理系統（由富士通公司所開發），這樣一來人腦判斷就更不可能與之抗衡了。

　　因此，靠自營交易部門暫時提高利潤尋求業績回復的多數證券公司，也跟著離開證券業界。

　　現在還意圖充實自營交易部門的證券公司非常少，證券公司的自營交易部門也急速地消失。

因法規使多數投機炒家消失

1980年代，那個泡沫經濟最燦爛的時代，有許多被稱為「股市大戶」的投機者在哄抬股價。

他們的手段如下。

- 著眼市場上完全沒人注意、業績不好、已發行股票數量少的中小型股，在不引起注目的方式下默默買進。
- 假設還在打底準備時股價就翻漲，就投入被稱為「降溫球」的股票賣單，力求壓制股價，等股價變低後再重新開始囤買。
- 準備完成後，再透過媒體放出資訊。過去的證券業界報刊等是這種資訊流通的重要來源，但現在多數證券業界報刊都走上停刊之路，讀者也不見了，所以改利用證券資訊網站或推特等社群網站，作為散播重點標的消息的管道。
- 這樣做的結果，就是吸引當沖客等散戶投資人的關注目光，當股價開始節節上升時，一開始造局的投機者就會趕緊拋售來獲利入袋。

也就是說散戶投資人大舉參與交易，都是投機者已經把獲利入袋後的事了，而且明明已經有很多投機者都拋售股票

了，社群網站等地方還是會接連傳出搧動買氣的資訊，於是有許多人跟隨情報繼續交易，讓股價影迎來最後急速上漲的局面。

當然，沒有永遠不滅的投機市場（speculative market），一定會在某個時候瓦解。

當股價急落後，持有高價股票的投資人就會紛紛急售，而當沖客也會同時參加這次的售出，加速股價下跌。於是，投機市場宣告終結。

對投機者來說重要的是，讓自己鎖定好的標的完美賣出後抽腿。

當然，在打底準備階段必須持有大量股票，而後再利用各種管道放出資訊使股價上漲。當股價大幅上升後，假如手上還持有標的股票，都不過是紙上富貴，唯有當持股都賣掉後才叫真金白銀。

因此，為讓自己所持有的大量股票順利脫手，絕對需要其他投資人的存在。過去也曾有過投資人將手上所有股票帶到發行股票的公司，對著公司施壓「我手上可是握有你們公司的經營生殺大權」，企圖讓對方以高價買回股票的事件。

不過最近這些被稱為「股市大戶」的投機者幾乎都沒聽說他們的動向了。隨著日本「大量持有報告制度」的施行，股票持有占比如超過發行量5％的人，有必須提出大量持有報告書的義務。因為報告書中必須明示資金來源，當持有比

例有著1％以上的更動，就必須提出變更報告書，所以投機者就被迫公開自己的手段。因為已經變成投機者難以大量持股的環境，他們的行動也被各種規範制約，於是股市投機者也就大幅消失。

CHAPTER **7**

建立自己的
投資風格

UNDERSTANDING THE STOCK MARKET

1

避險基金經理
參訪企業時重視的事
無時無刻都在
思考如何操作

▌只有資料或數字無法得知公司的實力

　　避險基金經理的日常就是在開市時，盯著電腦螢幕上的股價、新聞、表格等，確認手上的股票是否有自己不知道的風險原因存在。同時還要確認持有股票的公司狀況、調查潛在投資標的、思考總體經濟走向、構築未來的投資策略等。以上的工作事項都不可能做到完美，所以幾乎是二十四小時都在思考如何操作。在市場休市後，最重要的工作就是訪問自身關注的公司之經營者或投資人關係（investor relations）負責人，聽聽他們的看法。

　　此外，還要檢視公司發出的年度報告書、決算資訊、說

明會資料和補充資料等。

　　我想大多數工作內容，各位讀者們應該都能想像得到，不過其實也有難以從這些資料記載的數字中就能了解的事。為了深入調查這些事，我們身為避險基金經理就會反覆地訪問企業。

　　在我過去還擔任證券分析師時期，每年大約要反覆訪問700家公司。我認為能夠親自訪問公司，就是身為分析師或基金經理在股票投資上的最大優勢。雖然在投資層面上這點比散戶投資人有利，但近來散戶投資人其實只要願意下點功夫，就能得到如同訪問企業一樣的效果，像是參加股東會或關注法人說明會。

　　上市公司依法須每年召開股東會，負責投資人關係之相關人員也會與會。如果有問題的話可直接在現場詢問。

　　又或者如果有非常想知道的事，致電過去詢問公司的投資人關係部門也是一種方式。只要打電話過去，表示「您好，我是櫃公司的股東」或「您好，我正考慮投資貴公司，但有幾件事想確認一下」，通常都能得到答覆。

▌掌握公司的「氣氛」很重要

　　接下來我想分享避險基金經理在實地訪問公司時，會注意哪些地方。這當然會隨公司或當下情況而可能有所不同，

但有一點是共通的，那就是**公司的氣氛**。

　　十五年前我曾頻繁走訪各家公司，我發現通常公司業績好的時候員工也會顯得朝氣蓬勃，公司裡充滿活力。相反地，業績若是持續低迷，員工士氣也會下降，公司內部就會散布一股陰鬱氣氛。

　　說個我以前訪問日本關西地區某家公司的故事。那天我明明是大白天前往拜訪，進到室內後卻覺得非常昏暗。不過我馬上就注意到為什麼了，這並不是因為氣氛晦暗，而是公司裡所有不必要的照明都沒打開。辦公室也非常樸素，但一點也不覺得陰鬱。因為每位員工看起來都非常開朗，且這家公司的業績其實也表現得非常好。

　　因為我親自實地走訪，破除了我從前對這家公司存有的「小氣公司」印象，轉變成「這是一家十分腳踏實地經營的公司」。因為實際走訪過一次，從此我認為「這家公司想必也非常珍惜投資人所投入的資金」。

　　過了十幾年仍在我心中留有深刻良好印象的公司，就是化工公司日東電工、電子零件專業製造廠村田製作所、電玩遊戲大廠任天堂以及電機公司日本電產等。

　　此外，過去我曾拜訪過隸屬於綜合電機製造商日立製作所，以汽車導航為營運重心的子公司歌樂（Clarion）。該公司股價曾一度落在50日圓以下，當時是2008年下半年，雷

曼兄弟事件造成世界經濟大動盪的時候。歌樂的淨值雖有300億日圓，但在該年上半年卻陷入經營赤字狀況。且我在年底去拜訪時，那時業界都在傳聞進入下半年後該公司業績會急速萎縮。

就在半年前，好不容易維持在200日圓的股價變成只有50日圓上下，除了準備破產外，看來已找不到其他出路。

如以股價50日圓計算，歌樂的市值大約是140億日圓。上半年的當期損失為6億日圓，淨值為300億日圓。股價淨值比為0.47倍。從清算價值來看，該公司市值股價140億日圓低於公司淨值，表示當期損失將超過160億日圓。這樣下去就代表該公司極可能陷入無力償付債務的情況。當我前往訪問時，我認為第一要務是必須確認歌樂破產風險到底有多大。

當我前往拜訪位於埼玉縣的總公司時，股價終於來到低於40日圓價格，破產似乎只是遲早的事。到達總公司時，一眼看到玻璃外牆，我的感覺是這是一棟外觀非常奢華的建築。「業績都惡化成這樣了，還真是金玉其外的大樓」，我心中不禁冒出這樣的想法，然後便跟著接待人員進入會客室。途中我看到許多人在公司裡的大桌子前，進行熱烈的對話。

進入會客室和投資人關係部門主管交換名片後，我馬上對外面的景況提出疑問：「外面有好多人在說話，他們是在討論什麼？」

該位部門主管告訴我：「他們正在進行業務商談。」隨後，社長室、經營事業發展部、經營策略室等主管陸續進入會客室，我的採訪於是開始。

老實說，這超乎我的想像。因為對歌樂的營運狀況存有危機感，我打算從各面向來詢問目前的經營問題，但大家的回答卻都非常正向。「經營方面並無特別的異狀」「明年的目標是開始獲利」，一開始我還不太相信他們說的話，但因為外面有許多討論在進行，我想在這樣的氣氛下，應該也不會倒閉吧！後來，歌樂業績逐漸恢復，也沒陷入無力償付情況，且在數月後的業績報告中顯示庫存減少了，隔年的第一季也開始獲利。

此外，我也盡可能參加公司的財務簡報。因為公司社長通常會出席財務簡報並回答問題。我在參加簡報時，會先確認參加人數比上次增加或減少？還有簡報開始前閱讀資料的分析師和投資人們的氣氛如何？雖然和獨自參訪的狀況不同，無法輕易詢問自己想知道的事，但對掌握其他人有興趣的是哪部分這方面卻很有助益。

▌確認分析報告的這個部分

對個別公司的分析，證券公司會拿出各式各樣的報告。像是寫著分析各種經濟指標的總體經濟報告、寫著未來何種

投資策略有效的策略報告、針對個別公司而寫的企業調查報告，還有描述業界動態的業界報告等，種類可說五花八門。

　　我之所以會看證券公司的報告，是為了掌握證券公司的預測和我的預測方向是否相同，如果不一樣，那是在哪個部分產生分歧？

　　在日本證券交易所上市的公司數量總共有3531家。證券公司分析師所寫的報告，因為是證券公司為賺取股票交易手續費的商品，以能賺取交易手續費的大型股為中心，所以一個分析師只能負責30至40家公司。換句話說，並非所有上市公司都能被證券公司分析師照料到，所以機構投資人也必須自行進行企業調查。我幾乎不看通常都記載大型股相關資訊的企業調查報告，但會過目財務報表發表後的報告，只要檢視這個就能掌握共識。

　　能夠用作參考的分析報告，就是描述關於業界動態等的業界報告。報告裡有業界的狀況、制度變更和未來的方向，除了能從中掌握想知道的公司落在業界的哪個位置，也是尋找新投資方向的素材。數據表因為也會列出該證券公司不負責的其他公司的每月業績數字等，所以也非常有參考價值。

　　順帶一提，多數證券公司只要求你在證券公司開戶，就能透過網站得到資料或報告。

2 預測股價的重點
投資時必須算出
「企業價值」

▌「企業價值」沒有絕對

不論是作為基金經理人反覆訪問企業，或是過目各式各樣的分析報告，為的都是預測股價的方向。

如同本書一直以來所說的，我在實際投資時，會計算每個我打算投資的候補名單的企業價值，以及思考為達到預設的企業價值，還需要什麼催化劑。而在計算企業價值時，我也會算出股價若往相反方向走，下行（買進的話就是可能下探的程度，賣出的話就是可能上漲的程度）的股價水準在哪裡。

關於企業價值的計算方法，已在之前的章節解說。

首先是計算估值，這是利用本益比或股價淨值比、股東權益報酬率、EV/EBIT、企業價值倍數（EV/EBITDA）等來

確認現在的股價是否為公允值。

然後再將該數字拿來與同業比較看看其落點為何，或查看過去同時期的資料以確認目前的位置。

舉例來說，同樣是參考股東權益報酬率，如果自己想投資的企業，其利潤率和成長率皆高，那麼就算參考其他有相同估值的同產業公司，也難求出公允值。所以得用稍高一點的估值來計算企業價值。至於計算下行水準的時候，我通常會參考該公司或業界的最低值和最高值的估值。

企業價值的計算方式有很多種，所以計算者的見識也很重要。但是，企業價值並沒有一個絕對值。也就是說，這會隨不同的計算者而得到不同的企業價值。如果讓五個分析師計算，不會大家都得到同樣的企業價值數字，而是出現五種數字。但是透過計算企業價值，能夠判斷是要買進或賣出該標的，還能知道股價落在哪才能獲利，這表示對於可讓我們想像投資的時機點來說，是非常重要的。而下行風險是對於掌握與自己預期相反的狀況，也就是預測股價往反方向走時的程度，或超出預測時是要繼續加買，或增加融資。如果與預測程度相反，出現持續下跌或上漲的狀況，表示自己在計算企業價值時，可能忘了加入某項重要資訊，必須重新進行分析。

基本面和技術面無須二選一

包含我在內的避險基金經理，往往被認為多數都是基本面派，而事實上也是這樣。至少我是不會只看股市行情就決定要買或賣，畢竟再怎麼說基金操作也是得從長期觀點來進行，而只要長期觀察股價的話就會知道與業績有連動關係。

但是，股市行情是一定要確認的。不管是短期的每日交易量圖表，或長達二十年的每月交易量圖表。除了可用來判斷是可買進或賣出之外，更是掌握股價趨勢的利器。

為確認與掌握投入的資金是否安全沒問題，也就是掌握流動性風險，必須查看交易量的變化。此外當股價面臨急速下跌狀況時，為判斷從長期來說何時是進場時機，也得確認過去的股價變化。

常聽人說，基本面派和技術面派水火不容。基本面派的人會說：「技術面派的只看股價變化，不管企業體質。」；技術面派的人則斷言：「價格背後就包含了各種因素，根本不必特別做基本面分析。」

從結果來看，我認為用對自己來說最方便的方法去做投資判斷才是最好的，很難說哪個說法絕對正確。進入股市的投資人一定有基本面派，也有技術面派，因此無須二擇一，我認為廣納意見，從中找到對自己有益的投資判斷，才是最合理的投資法。

所以，各位需要的是先放下成見，在嘗試各種方法後，再選擇最適合自己的投資方式就好。

▌ 該長期投資，或短期操作？

投資風格也一樣，不須一開始就決定「我是長期投資派」，不論短期操作或長期投資都先試過一輪後，再決定適合自己的風格就好。

我在大學畢業後便進入外商證券公司服務，我那時被分配到證券調查部工作。證券公司裡的分析師，基本上是以「就長期投資來說可買進的標的」為切入角度來尋找投資標的，然後製作報告。看看證券公司提出的投資報告就能知道，幾乎沒有推薦使用信用交易，做「賣出」操作的內容。證券公司的投資報告，都是以「**買進**」為中心主旨。

會在短期操作方面也加重心力，是我進入美國避險基金公司城堡投資集團（Citadel Investment Group）亞洲分公司服務以後的事。這間公司在世界上算是大型的避險基金公司，前聯邦準備銀行理事會主席柏南奇（Ben Bernanke）也是該公司的資深顧問。

在我進入城堡投資集團服務後，負責規畫日本股市對沖基金投資策略的資產組合經理工作，每天從早到晚都在做日本股的分析與投資，但我的直屬上司雖然統籌亞洲及大洋洲

全區，卻是以超短期的角度來看市場，是個只要價格有變動就開始大驚小怪的人。當時日本政府是小泉政權治理，雖然與投資標的不同也有關係，但那是個在日本股市上市的大型股，每日股價變動幅度都在5％以上的時代。那時，我操盤數千億日圓資金在日股上，投資的標的數量最多30至40個，屬於比較集中投資的方式，但每天有數十億日圓損益產生，不過是家常便飯。

不知是否因為曾在會因短期價格變動而大驚小怪的上司底下負責操盤日股，那段時光讓我開始留意到長期變動以外的短期價格變化。這對我來說絕不是壞事，反而對於形塑我目前的投資風格來說非常有幫助。而且，因為開始注意短期價格變動，讓我理解除了供需關係之外，也必須以「注意股價短期變動因素」的觀點來看股價。

若要問這對我在日後的投資之路上產生什麼樣的優勢，我會說，最大的優勢是我能對於趨勢的變化做出快速反應。後來，我離開城堡投資集團進入美國美林證券日本分公司的核心部門（自營交易部門）工作，因為那個部門是美林拿出5000億日圓資金所成立的多面向策略避險基金（multi-strategy hedge fund），聚集了各種金融資產類型的專家。我以日本股負責人身分加入，同部門裡還有負責不良債權、私人股權投資、信貸、不動產、原物料等的專業人士，是一個聚集各界專家的組織。在部門會議時，我也可掌握到股市以

外的市場狀況，這也讓我學習到比起股票，信貸的風險更高。當時，很少有操盤手是以「信用違約交換」（CDS）[1]等投資工具來建立操作策略，而我認為這就是我的武器。

雷曼兄弟事件發生時，許多基金的操作成績都大幅崩盤。就算是運用多空策略（參照下一節）的基金，也在那次風暴中出現相當大的損失。

為什麼會這樣？我認為是操盤手多為「買進持有策略」派的關係。「買進持有策略」是指，只用買進來操作的方式。如果原本就是用這個方式，那就表示無法擺脫「從這間公司的企業價值來看，現在的股價跌太多了」的思維，放不掉多頭部位（long position）的操作方式。在預設股價還會上升的前提下，持有接近多頭部位的投資組合而且不願放掉，這樣一來就算之後持有一些空頭部位（short position），該基金的操作成績也會為負。

而我則是仔細檢視每天的股市供需動向、信用違約交換和市場波動性等情報。由於我判斷「目前是高風險市場」的狀態，因此在市場急速崩盤前，我增加現金比例、購買看跌期權（put option），並轉成淨空頭部位（net short position）。也因此，即便在雷曼兄弟事件當年，我的操盤還是獲利了結。

1　Credit default swap，對債權等信用風險形成保險的衍生性金融商品合約。

3 我以多空策略投資的理由

為追求絕對報酬，不可缺少的策略

▌日本股市並非持續成長

多數在日本國內操作的投資信託基金，都是購買股票或債券後建立投資組合。這種因購買對象的資產增值而得到報酬的投資信託基金，就稱為「買進持有策略基金」。買進並持有部位稱為「多頭」（long），而賣出所持有的部位稱為「空頭」（short）。

如果經濟是一路呈現成長趨勢，那麼買進持有策略基金也能充分提高收益。以美國為例，透過線圖就可知，即使出現各種傳聞，長期看來經濟也是呈現成長，股市指數也在上升。物價也緩慢地持續通膨，從這點來看，買進持有的操作

方式，還是能獲得不錯的收益。

　　但是，自從我成為股市的投資者，也就是1990年代中期到現在，日本經濟表現幾乎都沒什麼榮景。請各位看看下頁圖表，與美國道瓊工業平均指數的一路上升表現不同，日本股市呈現反覆上漲又下滑的景況（圖表7-1、7-2）。這段期間，東證股價指數曾幾度降到700點附近的低點。從這二十年來的股價變動表現來看，現實就是難以獲得良好報酬。當然，也可以東證股價指數為比較基準，縱使指數下滑，在操作大型股方面運用買進持有策略，還是能得到「高於比較基準」的結果，但這不過是資產管理公司的自我滿足。身為操盤手應該設定的目標是，無論市場環境如何變化，也要盡可能累積收益，追求絕對報酬。而當我這樣思考的同時，日本股市也已進入即便運用買進持有策略，也極難獲利的狀態。

　　第四章的圖表4-2和4-3是呈現GDP與股價指數連動之圖表，透過圖表可得知，日本經濟在這二十年，停滯在非常低成長的狀態，物價也因通貨緊縮而沒有上升（第251頁圖表7-3、7-4）。不過，美國經濟基本上狀況良好，除了雷曼兄弟事件之後的那段時期，都維持穩定的通貨膨脹狀態。當物價上升時，通貨和現金的價值會下降，金融資產的價值上升。在通貨緊縮的環境下則相反，通貨和現金的價值上升，金融資產的價值下降。換句話說，日本在這二十年，長期買

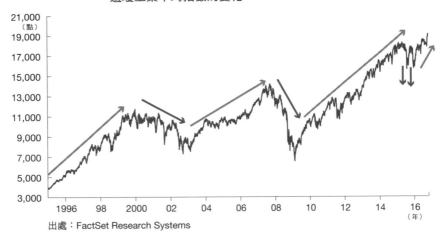

圖 表 7-1　美股基本上是持續成長
　　　　　——道瓊工業平均指數的變化

21,000
（點）
19,000
17,000
15,000
13,000
11,000
9,000
7,000
5,000
3,000

1996　　98　　2000　　02　　04　　06　　08　　10　　12　　14　　16
　　　　　　　　　　　　　　　　　　　　　　　　　　　（年）

出處：FactSet Research Systems

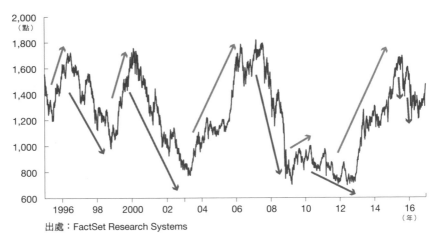

圖 表 7-2　日股走勢呈現上下震盪
　　　　　——東證股價指數的變化

2,000
（點）
1,800
1,600
1,400
1,200
1,000
800
600

1996　　98　　2000　　02　　04　　06　　08　　10　　12　　14　　16
　　　　　　　　　　　　　　　　　　　　　　　　　　　（年）

出處：FactSet Research Systems

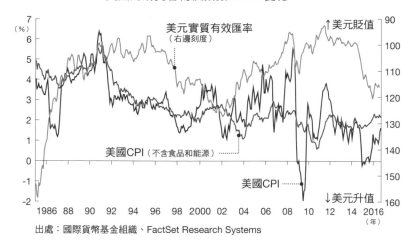

圖 表 7-3 美國維持穩定通貨膨脹
——美國的消費者物價指數（CPI）變化

美元實質有效匯率
（右邊刻度）

↑美元貶值

美國CPI（不含食品和能源）

美國CPI

↓美元升值

1986 88 90 92 94 96 98 2000 02 04 06 08 10 12 14 2016
（年）

出處：國際貨幣基金組織、FactSet Research Systems

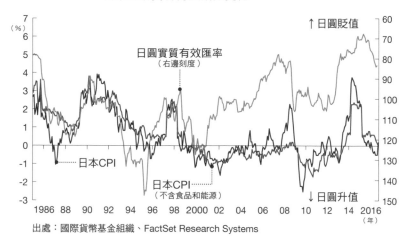

圖 表 7-4 1990 年代後半，日本開始走向通貨緊縮
——日本的消費者物價指數變化

日圓實質有效匯率
（右邊刻度）

↑日圓貶值

日本CPI

日本CPI
（不含食品和能源）

↓日圓升值

1986 88 90 92 94 96 98 2000 02 04 06 08 10 12 14 2016
（年）

出處：國際貨幣基金組織、FactSet Research Systems

進持有日圓,是最正確的投資策略。事實上在安倍的經濟政策發布前,日圓兌美元升值了將近50％。相反地,在通貨緊縮環境下,投資證券或不動產等資產,其資產價值也不會上升,這點從日本和美國的股價指數表現不同即可得知。

今後,如果政府和日本銀行希冀的經濟復甦實現、物價也維持適度通貨膨脹,那麼比起持有通貨或現金,購買金融資產會得到更良好的報酬。在這個狀況下,也許買進持有策略會是比多空策略更好的投資方式。

順帶一提,常聽證券從業人員或電視上的財經名嘴等人提出「美股上漲時,日股也會漲」的說法,但真的是這樣嗎?想必大家都知道,其中省略了很多複雜的說明,只是將自己思考的結論用簡單幾句話說出來而已,所以我必須呼籲各位讀者不要輕信這樣的說詞,別把「美股漲,則日股漲」當成一種教條。我們從圖表7-1、7-2就能看到,當美股上漲時,日股並未上漲。

我想具體回顧這二十年來,日本股價指數呈現上下震盪局面的理由是什麼。

首先,景氣(參考第142頁圖表4-2、4-3)和物價動向(參考前頁圖表7-3、7-4)影響了股市。當美國景氣不好時,日本的景氣也會受到不良影響,因為美國是日本最大貿易夥伴,日本對美出口占總體出口的20％,1980年代更是接近

40％（現在的第二大貿易夥伴為與美國差異越來越小的中國）。所以，不可能不受到對方的景氣影響。當美國的GDP呈現負成長時，日本還維持正成長的時期只有1991年，當時美國景氣因雷根政權的失敗而出現惡化。後來因科技泡沫崩壞、雷曼兄弟事件之影響，也為日本帶來不好的景況，日本股市和美股一樣都呈現下滑狀態。不過，當美國景氣好的時候，日本雖也受惠，但美股上升時日股並未同樣上升的狀況也出現過好幾次。

下頁圖表7-5呈現的是美股和日股的連動性（明顯相反為×，同樣上升為◎，同樣下跌為○，狀態不明顯的是空白），我們可看到當美股下跌時會發生百分之百的連動，但美股上升時連動之年分卻很少（「只有日股上升」的狀況是一次也沒有）。以下是出現×和○那年的原因。

- 1996年：因為1995年日圓急速升值導致日本股價下跌。
- 1997年：消費稅從3％增加到5％使日本景氣惡化。
- 1998年：嚴重的通貨緊縮，因亞洲金融風暴、金融機構的不良債權問題使許多金融機構宣布破產，即使美股上漲，日本股市還是連續三年下跌。
- 2000至2002年：科技泡沫崩壞造成日本與美股一起連續下滑三年。

- 2007至2011年：2007年，雷曼兄弟事件發生的前一年，美股上漲日股卻下跌，然後在雷曼兄弟事件發生後，以日圓利差交易（賣出低利率的日圓購買高利率外幣的動作）投資海外高利潤資產的資金之利息下跌，因此解除利差交易的人增加，而後隨著買回日圓造成日圓急速升值，結果使日本出口產業大受打擊，日股比美股出現更大幅度下滑。美股從隔年開始轉為上漲，但日股之後的三年還是持續低迷。

圖 表 7-5　美股和日股的漲跌是否連動？

年	S&P500 指數	東證股價指數	高成長新興股票市場	美股和日股的連動性
1995	37.6%	1.2%		
1996	23.0%	-6.8%		×
1997	33.4%	-20.1%		×
1998	28.6%	-7.5%		×
1999	21.0%	58.4%		◎
2000	-9.1%	-25.5%		○
2001	-11.9%	-19.6%	-23.1%	○
2002	-22.1%	-18.3%	-36.2%	○
2003	28.7%	23.8%	133.0%	◎
2004	10.9%	10.2%	30.6%	◎
2005	4.9%	43.5%	47.7%	◎
2006	15.8%	1.9%	-56.3%	
2007	5.5%	-12.2%	-29.5%	×
2008	-37.0%	-41.8%	-58.7%	○
2009	26.5%	5.6%	28.7%	
2010	15.1%	-1.0%	4.2%	×
2011	2.1%	-18.9%	-8.6%	×
2012	16.0%	18.0%	2.1%	◎
2013	32.4%	51.5%	137.2%	◎
2014	13.7%	8.1%	-5.2%	◎
2015	1.4%	9.9%	-2.5%	
2016	12.0%	-3.7%	1.2%	×

出處：日本銀行、FactSet Research Systems，至 2016/12/7

此外，◎的2003至2005年，與其說是因為美股上漲，更該說是因為日本解決了不良債券問題，以及小泉政權的法規鬆綁政策使日本經濟出現成長曙光，而這樣的期待也帶動日股上漲。

從以上敘述看來，「因為美股上漲，所以日股也會漲」這樣的說法太過精簡，我們應該這樣思考：「當全球GDP排名第一的美國景氣好的話，則全世界都受惠，而與美國貿易量高的日本更是利多。」然後隨時留心世界局勢會對日本股市甚至個別公司帶來什麼樣的改變。

▌ 為了不受行情變動影響

所謂多空策略，如同名稱，是組合多頭（買進持有）和空頭（不持有）倉位建立資產組合的操作方式。同時投資股票、期貨、選擇權等多頭和空頭倉位，透過這些標的建立對沖組合來獲得利潤。

假設現在有1000萬日圓的投資資金，拿500萬日圓建立多頭倉位（買進）即占總投資金額的50％，然後以200萬日圓建立空頭倉位（賣出），換句話說這20％加上前面的50％，投資毛額即為70％。所謂投資毛額，是指對投資資金來說有多少放到投資上的比例，也就是持有多少風險。我想各位應有聽過「風險趨避（risk off）模式時提高現金比例」

的說法，此處的風險說的就是這個意思。我們以100％減去投資毛額70％，等於現金比例是30％；多頭倉位50％減掉空頭倉位20％，等於投資淨值是30％。

　　相對於此，避險基金的多空策略，則是認為假如股市似乎狀況不好，就會持有比多頭更多的空頭倉位，改持有淨空頭。舉例來說，持有多頭倉位300萬日圓（30％），空頭倉位400萬日圓（400％）的話，淨空頭則為10％，但因同樣都是投資毛額70％，投資風險一樣，只能說是為了因應股市下跌而先建倉位（圖表7-6）。

圖 表 7-6　多空策略的倉位建立方式

●淨多頭

投資毛額 (投資金額總計)	＝（500萬日圓＋200萬日圓）÷1000萬日圓	70%
對沖 (賣空、期貨和選擇權)	＝ 200萬日圓／1000萬日圓	20%
淨值 (多頭－空頭)	＝（500萬日圓－200萬日圓）÷1000萬日圓	30%
現金比例	＝ 300萬日圓／1000萬日圓	30%

1000萬日圓

現金
300萬日圓

賣空、期貨和選擇權
投資額 200萬日圓

買進投資額
500萬日圓

做多	做空
買進股票合計資產	賣空、期貨和選擇權
500萬日圓	200萬日圓

買進投資額
500萬日圓

買進超過
300萬日圓

賣空、期貨和選擇權
投資額200萬日圓

該怎麼決定要做淨多頭或淨空頭，基本上是透過總體經濟分析來決定。因此，得隨時留意觀察各種經濟指標。由於我是運用槓桿來操作多空策略，所以必須更準確決定倉位。2008年，因為預期股市表現低迷，為控制風險，決定做淨空頭的操作，所以在雷曼兄弟事件時我也能從股市中獲利。

　　雖然會聽到人家說避險基金風險很高，但比起在市場低迷時為沖銷掉持有標的的價值損失，於是利用信用交易或選擇權來對沖，避險基金可說是為了讓投資人不要太受市場大環境影響所設計的金融工具，這對反覆漲跌震盪的日本股市來說是最合適的投資策略。

● 淨空頭

投資毛額（投資金額總計）	＝	（300萬日圓＋400萬日圓）÷1000萬日圓	70%
對沖（賣空、期貨和選擇權）	＝	400萬日圓／1000萬日圓	40%
淨值（多頭−空頭）	＝	（300萬日圓−400萬日圓）÷1000萬日圓	−10%
現金比例	＝	300萬日圓／1000萬日圓	30%

1000萬日圓

現金
300萬日圓

賣空、期貨和選擇權
投資額
400萬日圓

買進投資額
300萬日圓

做多	做空
買進股票合計資產	賣空、期貨和選擇權
300萬日圓	400萬日圓

買進投資額
300萬日圓

賣空、期貨和選擇權
投資額
400萬日圓

賣出超過100萬日圓

多空策略、買進持有策略，以及買進持有但也操作期貨或選擇權（避險）策略的表現狀況，如下頁圖表7-7、圖表7-8所示。從圖表中可看出，牛市時最適合買進持有策略；但在起伏不定的市場中，多空策略是最能穩定獲利的選擇。

首先，買進持有策略會在市場走跌時，為買進持有的股票帶來價格下滑的風險，且沒有可沖銷的對象。也就是裸買進，而為什麼這不成問題，因為多數買進持有基金是抱著只要有利潤就好的想法，所以就算出現虧損，只要虧損小於大盤指數表現的話就沒關係。圖表7-7中，買進持有派所投資的A、B二檔股票的利潤都有增加，但因為B股票的表現比大盤指數來得差，所以算是投資失利。圖表7-8所投資的C、D二檔股票皆出現虧損，但因為C股表現比大盤指數來得好，所以並不算投資失利。

不過，在牛市時若利潤沒增加得比大盤指數更高的話，可就不行了。換句話說，買進持有策略若要贏過大盤指數，必須在指數下跌時建立比指數更抗跌的倉位；在指數上漲時獲得比指數表現更好的收益。

圖表7-7中，A、D兩檔股票旁都寫著高 β 值，B、C兩檔股票旁都寫著低 β 值。β 值指的是「個股的報酬，除以指數的報酬」，牛市時理論上投資高 β 值較有利，但熊市時高 β 值股票有大幅下跌傾向，要用買進持有策略來獲利相對上較為困難。

圖 表 7-7 多空策略的利潤預想圖

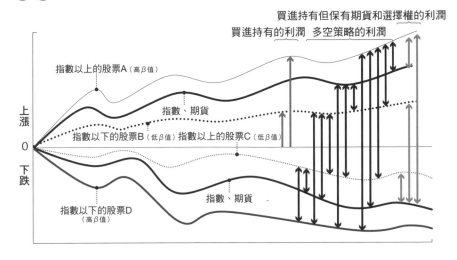

買進持有但保有期貨和選擇權的利潤

買進持有的利潤　多空策略的利潤

指數以上的股票A（高β值）

指數、期貨

上漲

0

指數以下的股票B（低β值）指數以上的股票C（低β值）

下跌

指數、期貨

指數以下的股票D
（高β值）

圖 表 7-8 多空策略的損失預想圖

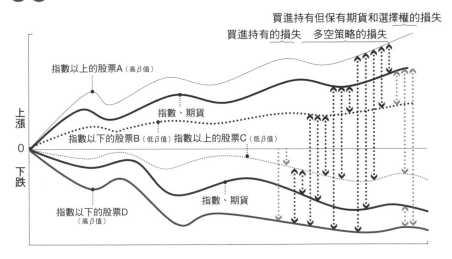

買進持有但保有期貨和選擇權的損失

買進持有的損失　多空策略的損失

指數以上的股票A（高β值）

指數、期貨

上漲

0

指數以下的股票B（低β值）指數以上的股票C（低β值）

下跌

指數、期貨

指數以下的股票D
（高β值）

以期貨和選擇權來對沖買進持有股票的策略，和買進持有策略相似，但在市場走跌時的避險方式，和只求贏過大盤指數的投資策略不同。這種類型的基金幾乎不存在。當行情下跌時就算買進持有的股票價格下跌，只要損失比對沖後的利潤還低則算獲利，損失比對沖後的利潤還高的話則算虧損。圖表7-7標示四種獲利模式，圖表7-8標示四種損失模式。

多空策略指的是做多（股票及期貨或選擇權）的損益，若比做空（股票及期貨或選擇權）的損益高即為獲利；損益較低的話就是損失。因為不像買進持有策略有一個比較基準，所以沒有相對於指數表現的思考方式，目標只有以絕對值提高利潤。不管在怎樣的市場環境，都是透過所有資產組合的 β 值和投資標的之組合，以提高資產組合整體利潤為前提來選擇標的。而期貨和選擇權基本上是為了避險，或調整整體資產組合的平衡而加入。從圖表7-7、7-8可看到，26種組合中，有13種獲利，13種損失。

以圖表7-7為例，如果一開始就做多A股票的話，就算用相同金額做空另一檔股票也還是能獲利；而如果一開始做空D股票的話，只要用相同金額做多另一檔股票也會獲利。圖表7-8則呈現投資策略的損失狀況，和圖表7-7多頭和空頭的狀況相反。也就是說如果一開始做空A股票的話，就算持有某檔相同金額且做多的股票也會虧損；而如果一開始是做多D股票，就算持有某檔相同金額且做空的股票還是會迎

來損失。

實際的資產組合建立，如以持有 A 和 C、做多 B、期貨、做空 D 為例，且並不是每種標的都投資相同金額，而是以資產組合整體能獲利為原則來組合這些標的。多空策略的深奧之處就在此，舉例來說，就算做多 D，還是可能增加資產組合整體獲利。雖然圖中沒有數字，我們就以 D 下跌 50％，C 下跌 20％ 來看看。如果做多 D 的投資金額為 1 億日圓，做空 C 的投資金額為 5 億日圓的話，那麼 D 的 1 億日圓會變成 5000 萬日圓，而 C 的 5 億日圓會滾成 6 億日圓，而原本的 1 億日圓加 5 億日圓等於 6 億日圓本金，投資後就變成 5000 萬日圓加 6 億日圓，資產增加為 6 億 5000 萬日圓。

當然，投資並沒有隨時都能獲利這種事，但我覺得這個策略是最適合自己，也最能提高我的獲勝機率的策略。

▍ 雷曼兄弟事件時避險基金也遭殃的原因

那麼，為什麼雷曼兄弟事件發生那年，避險基金也出現那麼大的損失？據說避險基金在那時陷入苦戰的原因為「槓桿」。第二章提過，用保證金交易的槓桿，所能得到的獲利約投資資金的 3 倍，期貨和選擇權則是比這個更大的槓桿。舉個例子，2016 年 11 月底的日經平均指數期貨的保證金金額為 81 萬日圓，東證股價指數期貨的保證金為 63 萬日圓，

東證高成長新興股票市場指數期貨的保證金為81000日圓。如果想以18000日圓購買日經平均股價指數期貨一張（交易單位為1000），只要存入81萬日圓保證金，就能做18000日圓乘以1000等於1800萬日圓的交易。此時若價格下跌10日圓，就會變成10日圓乘以1000等於10000元的損失。但是如果像美國總統大選時，期貨價格變化接近1000日圓，就算只有一張期貨、沒有倉位，也可能遭受1000日圓乘以1000等於100萬日圓的損失，甚至還可能發生保證金不足的狀況（保證金不足的話，就會有「追加保證金」的問題，必須再投入資金）。

以合宜的槓桿作為對沖來活用就沒有問題，但如果想追求巨額利潤，槓桿就會變大。雷曼兄弟事件發生前，以我工作的避險基金公司來說，槓桿約為10倍。因為這種高槓桿的普遍化，不只在股票的買空，因為期貨和選擇權而承受大筆損失的公司也非常多。雷曼兄弟事件發生時就是發生這樣的問題，而在事件之後，業界的槓桿比例也大幅調降。

最後為讓各位參考數據提供商Eurekahedge公布的日股多空策略避險基金之表現，請各位參考下頁圖表7-9，可看到指數的變化。

掌握經濟情勢的概況

對投資來說最重要的，就是預想各種情況，做好在各種狀況發生時都能對應的準備，且不輕慢調查的重要性。有時還要想像意想不到的狀況，思考自己投資的標的在那時會受到怎樣的影響。此外還必須考量受影響時該如何降低損失，且應如何規避風險。

但是，若只是準備發生率低的狀況也沒有什麼意義，必須想想這個不安要素有多少發生之可能性，而在行情上又會受多少影響（共識）。因為市場狀況都會經常出現變化，所

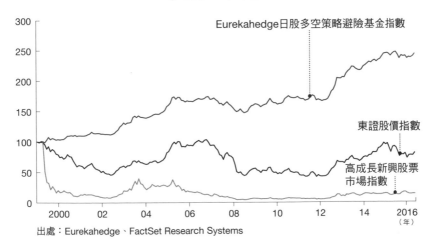

圖表 7-9　避險基金的操作，能勝過大盤表現
　　　　　——Eurekahedge 的多空策略避險基金指數和日本股價指數的變化

出處：Eurekahedge、FactSet Research Systems

以必須能靈活地隨機應變。

計算企業價值也是很重要的準備工作，就算因為現在價格太貴無法投資，只要做好準備，或許幾個月後股價下跌，就能做出「變便宜了，可以買進」的判斷，而不錯過買進機會。

如果投資判斷失誤的話，能毫不猶豫地做停損也很重要。老實說，這我也不太擅長。就算確實地分析市場、計算企業價值、找到催化劑，股價還是可能跟原本預期相反。就算重新分析自己的投資判斷，還是找不到明確的判斷失誤，也還是會有市場動向出乎意料，或者突如其來的供需問題而讓股價走往相反方向的可能性。每當我碰到這種情況，總會先觀察這對我的整體資產組合將有什麼程度的影響，接著再特別留意投資比例高的標的。

▌重要的是「自己的方式」

我的投資方式是，首先了解整體經濟樣貌，描繪一年的藍圖，判斷該在什麼時機做淨多頭或淨空頭，還有看整體環境決定投資的業種等這些大的目標，然後再對照經濟情勢，調整多頭和空頭的倉位。

除此之外，我還會從微觀角度選定想投資的公司。這個階段就如本書之前提過的「徹底調查訪問」。

我總是不斷地進行企業分析，找出股價相對企業價值來說目前偏低的公司，並挑選出我認為未來會上漲的公司。而且因為我運用的是多空策略，所以在購買了股價相對企業價值來說偏高的公司後，若判斷後續股價會下跌的話就轉做空。

　　當然，投資世界裡有抱持各種想法的人，也有不做總體分析，只專注於找到好公司的人。通常比較傳統的資產管理公司就是這路數的。

　　從這些資產管理公司都還能繼續經營的角度來看，長期買進持有或運用多空策略布局，何者才是正確的呢？我想對投資人來說，只要找出某種最能幫助自己獲取利潤的投資策略，就是最適合自己的投資方式。以我來說，我用多空策略最能獲利，且這個投資風格也最適合我。這也意味著每個人都能找到適合自己的投資方式，所以不妨先從小額投資開始，嘗試各種方法。

國家圖書館出版品預行編目（CIP）資料

真確了解股市：頂尖避險基金經理告訴你, 成為超級散戶的 8
個進場智慧 / 土屋敦子作 ; 李韻柔譯 . -- 初版 . -- 臺北市 : 今
周刊出版社股份有限公司 , 2021.11
　　面 ;　　公分 . -- (投資贏家 ; 51)
譯自 : 本当にわかる株式相場 : 株式市場のしくみ、市場参加
者の内幕から企業価値と株価の関係、ヘッジファンドの投
資戦略まで
ISBN 978-626-7014-12-7 (平裝)
1. 股票投資　2. 投資技術　3. 投資分析

563.53　　　　　　　　　　　　　　　　　110012361

投資贏家系列 051

真確了解股市
頂尖避險基金經理告訴你，成為超級散戶的 8 個進場智慧

本当にわかる株式相場：株式市場のしくみ、市場参加者の内幕から企業
価値と株価の関係、ヘッジファンドの投資戦略まで

作　　　者　土屋敦子
譯　　　者　李韻柔
資深主編　許訓彰
校　　　對　李韻、許訓彰
副總編輯　鍾宜君
行銷經理　胡弘一
行銷企畫　林律涵
封面設計　LIN
內文排版　藍天圖物宣字社

出 版 者　今周刊出版社股份有限公司
發 行 人　謝金河
社　　長　梁永煌
副總經理　吳幸芳
副 總 監　陳姵蒨

地　　址　台北市中山區南京東路一段 96 號 8 樓
電　　話　886-2-2581-6196
傳　　真　886-2-2531-6438
讀者專線　886-2-2581-6196 轉 1
劃撥帳號　19865054
戶　　名　今周刊出版社股份有限公司
網　　址　http://www.businesstoday.com.tw

總 經 銷　大和書報股份有限公司
製版印刷　緯峰印刷股份有限公司
初版一刷　2021 年 11 月
定　　價　360 元

本当にわかる株式相場
Copyright © Atsuko Tsuchiya 2017
Originally published in Japan by Nippon Jitsugyo Publishing Co., Ltd.
Traditional Chinese edition published by Business Today Publisher
Through Beijing Tongzhou Culture Co., Ltd.(E-mail : tzcopypright@163.com)

Investment

Investment